RECURSOS PARA PYMES

Productividad Total

Cómo hacer el doble de trabajo con la mitad de esfuerzo, y sin estrés

Copyright © 2020   Recursos para Pymes

3ª edición

Está prohibida la reproducción total o parcial del contenido de este libro por cualquier medio.

https://www.recursosparapymes.com

Índice

1	Productividad total	1
2	Introducción importante y breve	2
3	Por qué los sistemas y aplicaciones de productividad no (me)...	5
4	Principio número 1. Hacer menos es la solución	8
5	Principio número 2. El contexto influencia enormemente...	12
6	Principio número 3. Estímulo y respuesta	14
7	Eliminar las distracciones, la prioridad número 1	16
8	Técnicas fundamentales de productividad	24
9	1. La técnica de productividad más efectiva	25
10	2. La importancia de la primera hora	28
11	3. Planificar el día durante la tarde anterior	32
12	4. Tener siempre una lista concreta de acciones y no una...	34
13	5. El Timeboxing	38
14	6. Priorizar, pero bien	42
15	8. Delegar las actividades que no sean fundamentales	52
16	9. Desconectar al 100% en el tiempo de ocio	54
17	10. La regla de los 2 minutos	59
18	11. La regla de «tocar las cosas una sola vez»	61
19	Técnicas avanzadas de productividad	63
20	1. Cómo tener toda la energía del mundo	65

21	2. La productividad «forzada»	71
22	3. El poder de generar un hábito	77
23	4. Cómo vencer a la procrastinación	80
24	5. Los dos invitados incómodos en el tema de la...	87
25	6. Cómo aumentar la productividad de grupos y equipos según...	90
26	Técnicas maestras de productividad	94
27	Cómo obtener la productividad total	95
28	Los 10 componentes del estado de Flujo	101
29	El tipo de personalidad más proclive al estado de flujo	106
30	Cómo crear un estado de productividad total en la práctica	108
31	Resumen de las técnicas y lo visto en este libro	116

1

Productividad total

Las técnicas que funcionan en el mundo real, estrategias avanzadas y cómo conseguir la Productividad Total

Recursos Para Pymes

2

Introducción importante y breve

Mi nombre es Isaac, hace más de 14 años creé Recursos para Pymes. Desde entonces, ha habido y hay otras muchas iniciativas de todo tipo, tanto personales como profesionales. En todas ellas y en todo ese tiempo solo he tenido una certeza:

Nada es más importante que **hacer**.

Porque nada, excepto hacer, nos va a llevar donde queremos estar y va a permitir que alcancemos lo que nos hemos propuesto. Por mucho que planifiquemos, pongamos objetivos y demos vueltas a las cosas, **no estaremos un centímetro más cerca de lo que queremos hasta que empecemos a actuar**.

Soy emprendedor, casi siempre en solitario por decisión propia y, en mi vertiente profesional, el párrafo anterior es todavía más cierto. Si yo no hago algo, nadie va a venir a hacérmelo, y si no hago, no pongo comida en la mesa.

Por eso, una de mis obsesiones siempre ha sido la de mejorar en todo lo posible mi capacidad de hacer y no posponer lo importante (algo que ahora tiene ese nombre tan de moda, procrastinación).

Por eso, me he dedicado todos estos años a aprender y **poner en práctica cada sistema de productividad, cada técnica, cada herramienta de gestión de tareas y proyectos que me permitiera hacer más y mejor.** He pagado demasiado dinero en seminarios sobre el tema que no sirvieron y he perdido mucho tiempo en aplicaciones que prometían más de lo que daban.

De todo eso, he extraído varias conclusiones:

1. Mucho de lo que se explica sobre el tema de la productividad personal **no funciona** porque está equivocado de base.
2. La mayoría de herramientas y sistemas de productividad son demasiado complicadas y no solucionan el problema principal.
3. **No existe un sistema de productividad ideal** para todo el mundo.

Pero esto también es cierto:

Poniendo en práctica las pocas cosas importantes que sí funcionan, cualquiera puede hacer mucho más, con menos esfuerzo y estrés.

Esas cosas importantes son las que encontrará en este libro, **100% práctico y directo**.

Así que, antes de empezar y por si acaso, recalcar que estas páginas no le enseñan cómo gestionar su agenda, un nuevo método de organización o una aplicación de gestión de tareas. Este libro enseña **principios fundamentales** de productividad personal que multiplicarán su capacidad de trabajo desde el día 1. Armado con esos principios y poniéndolos en práctica, puede elegir el método o aplicación que prefiera.

Pero sobre todo, aquí no hay complicadas teorías sin base real, ni tampoco técnicas extrañas.

Nunca he entendido los libros de productividad que ocupan más de 200 páginas. Son un sinsentido en sí mismos y una señal de que no han entendido nada. Porque una de las excusas favoritas a la hora de procrastinar es precisamente leer y aprender sobre productividad. Yo he cometido ese error demasiadas veces. Esas más de 200 páginas te **dan la excusa para perder mucho tiempo leyendo en vez de haciendo**, es decir, que ayudan al enemigo.

Aquí se ha cortado por lo sano y se ha separado la paja del grano, así que comencemos.

3

Por qué los sistemas y aplicaciones de productividad no (me) funcionan

He decidido añadir el «me» entre paréntesis en el último minuto, porque uno no puede generalizar su experiencia, pero cuando se trata de sistemas y aplicaciones de productividad, este mal está demasiado extendido.

En realidad, no es que no funcionen, pero la mayoría de veces, adoptar un nuevo sistema o aplicación de productividad sigue este ciclo:

1. **Encuentras el nuevo método** o software que promete, por fin, organizar tu trabajo y reducir tu estrés. Suena bien y quieres creer esa promesa, yo siempre he querido.
2. **Lo pruebas** y trasladas la información que tenías en tu otro sistema o aplicación (un trabajo pesado, por cierto).
3. Con la ilusión de los primeros momentos, no importa perder más tiempo aprendiendo lo nuevo y cambiando tu flujo de trabajo al nuevo sistema.
4. **Chirría un poco** y descubres que no hace todo lo que

quieres, o tiene demasiados botones que apabullan, pero bueno.
5. El sistema de productividad **parece añadir trabajo en vez de ahorrarlo** y se va convirtiendo en un fastidio y en un paso más añadido a todo lo que hay que hacer.
6. **A los pocos días te has olvidado**, no entras en la aplicación o no sigues el método. Trabajas como sea, como siempre.
7. **Encuentras un nuevo sistema** o aplicación que promete, esta vez sí, que es lo que siempre has buscado.
8. **Se repite el ciclo** desde el primer punto.

Es la naturaleza de la bestia.

¿Entonces qué encontrará aquí?

Principios fundamentales probados y sencillos, porque la complicación no funciona.

Y que no necesitan de aplicaciones complejas para aplicarlos. De hecho, personalmente utilizo para mi día a día:

- El **Calendario de Google** para recordatorios y eventos.
- Un **cuaderno de papel** para el día a día.
- **Archivos en formato de texto plano** para gestionar notas, información y conocimiento.
- Un **temporizador** (veremos por qué cuando hablemos de *timeboxing*).

Y ya está. Sistemas complejos, que requieren de estudio, memorización, una aplicación concreta o que encorsetan nuestro flujo de trabajo, **acaban siendo una carga en vez de aliviarla**.

Por eso, no importa la situación en la que esté, la naturaleza de su trabajo o su herramienta de organización favorita. Los principios y técnicas de este libro los podrá aplicar siempre.

Empecemos por los más importantes.

4

Principio número 1. Hacer menos es la solución

Obsesionado con tener resultados y alcanzar metas, siempre he intentado hacer más y más. Cargaba de tareas mis días y abría mil proyectos en mis aplicaciones de gestión. Buscaba otro sistema nuevo de productividad que me permitiera mayor capacidad de trabajo y aprendía más y más cosas sobre el tema.

Pero **solo conseguía agotarme**.

Tenía esa horrible sensación de tener todo a medio y no avanzar en nada, de estar disperso en mil frentes abiertos y, a pesar de todo, seguía creyendo que la solución era dedicar más horas, esforzarme más, empezar otra cosa con la esperanza de que, esta vez sí, me salvara.

Solo conseguí quemarme y, en medio de ese agobio, me di cuenta de lo importante:

La solución a la saturación y el descontrol no es hacer más, **es hacer menos**.

Lo otro es contribuir al problema.

Cuando me apliqué en hacer menos, pero hacer mejor, por fin

empecé a conseguir cosas, porque **por fin terminaba cosas**. Y es que no hay nada más importante que terminar.

Por qué es posible hacer menos y conseguir más

Básicamente, porque el principio de Pareto o principio del 80/20 se cumple prácticamente siempre, para prácticamente todo.

Para los menos familiarizados, y ciñéndonos al ámbito de este libro, el principio de Pareto viene a decir que:

El **80% de resultados que obtienes vienen de un 20% de acciones importantes** que ejecutas.

Lo cual también significa que el 80% restante de cosas que hacemos durante el día nos proporciona apenas ese otro 20% de resultados.

Esto significa que podemos dejar de hacer un montón de cosas de bajo valor que apenas son rentables, pero ocupan nuestra agenda.

Con eso, liberaremos tiempo y energía.

«Estar ocupado» es el peor enemigo de la productividad

Todos estamos muy ocupados y algunos lo llevan como una medalla de honor. Este es un problema importante de productividad y una dolencia demasiado extendida.

La escena suele ser familiar. Corres durante el día, con la presión de fechas de entrega, llegando justo a las reuniones y no teniendo un segundo, con la agenda llena y falta de aire en los pulmones. Y sin embargo, al final del día, caes en el sofá agotado y con esa horrible sensación de que los grandes proyectos siguen sin avanzar.

Y a la mañana siguiente, lo mismo.

Si somos protagonistas de ese día de la marmota, **hemos caído en la trampa de estar ocupados el 80% del tiempo con el 80% de tareas de bajo valor** que no nos llevan donde queremos: emails que no acaban en nada, pequeñas cosas que surgen, reuniones a ninguna parte...

En muchas ocasiones, de hecho, usamos la excusa de estar ocupados y nos ponemos con esas tareas de bajo valor para procrastinar en las importantes, en ese 20% fundamental que siempre está por hacer.

Hay una enorme diferencia entre «estar ocupado» todo el tiempo y trabajar de verdad. De hecho, **estar siempre ocupado es una señal de que nuestra productividad personal necesita mejorar** mucho.

La única solución es **hacer menos, pero hacer mejor**. Hacer menos, pero que sean esas tareas importantes, ese 20% que traerá el 80% de resultados.

Yo era de esas personas que ni se planteaban levantar el pie del acelerador. Me veía como esos malabaristas que hacen girar platillos encima de un palo. En cuanto paras, los platillos se caen y se rompen, así que tienes que estar siempre en movimiento. Pero así, el que te rompes eres tú, no los platillos. Y entonces aprendes la lección por las malas.

Tienes que parar o romperte del todo. Y creías que el mundo se iba a venir abajo sin ti, pero en realidad sigue girando y, más o menos, el mundo se apaña bien sin que estés. El trabajo sigue saliendo, los demás hacen su parte y cogen la tuya, o dejas de hacer unos días y te das cuenta de que los resultados son casi los mismos.

Es toda una cura de humildad cuando ocurre eso. Nos damos cuenta de que no somos imprescindibles y que, en realidad, no éramos superproductivos estando ocupados, solo corríamos como pollos sin cabeza, **confundiendo movimiento con acción**.

Por eso, la solución no es dispersarse con una cosa nueva más que no va a arreglar todo mágicamente. **Es enfocarse como un láser en unas pocas tareas cruciales**.

Y sí, eso significará que, si estamos siempre «ocupados», deberemos sacrificar ciertas cosas, ciertos proyectos, para que otros vean la luz de una vez por todas.

No pasa nada, es lo que hay que hacer. **Si queremos correr más, lo óptimo es dejar caer primero el saco de piedras inservible que cargamos** a la espalda, en vez de apretar los dientes y tratar de acelerar con ese peso todavía encima.

5

Principio número 2. El contexto influencia enormemente nuestras acciones

Queremos creer que somos dueños de nuestras acciones y decisiones, pero la realidad es que están influenciadas sutilmente por muchas cosas. La mayoría de ellas no las percibimos siquiera y **una de las más importantes es el contexto en el que nos encontremos**.

Este contexto es muy poderoso y, en más de una ocasión, he explicado a mis clientes su poder en las ventas, las negociaciones, etc.

En el caso de la productividad, el contexto es también un elemento clave.

Recuerdo un viaje en tren hace tiempo. Siempre corriendo, me había propuesto usar dicho viaje para desconectar un poco y matar el tiempo con tonterías. Pero cuando el tren se puso en marcha, pude ver que la *tablet* que había traído estaba descargada y que al móvil apenas le quedaba batería. De hecho, hubiera dado prácticamente igual, porque el tren atraviesa zonas rurales y túneles con muy mala cobertura.

Así que solo tenía un ordenador portátil sin Internet en un vagón prácticamente vacío.

En algo menos de dos horas de viaje, hice más que en la mayoría de mañanas de trabajo.

¿Por qué? **Porque no tenía otra opción.**

El contexto no me permitía otra cosa que escribir en ese ordenador sin poder distraerme con nada más, cosa que aproveché para adelantar en un par de proyectos. Solo podía escribir o mirar por la ventanilla, pero ya había hecho ese viaje mil veces y conocía el paisaje de memoria.

Está más que demostrado que la mayoría de nosotros hace las cosas cuando no tiene más remedio ni otra opción. Por eso, la aplicación práctica de este principio es que podremos manipular el contexto para ser todo lo productivos que podamos. Veremos cómo.

6

Principio número 3. Estímulo y respuesta

Voy a simplificar mucho, pero en el fondo, las personas nos comportamos con un mecanismo básico de estímulo y respuesta. Cuando tenemos un estímulo, generamos una respuesta. Y **esa respuesta es bastante predecible** ante ciertos estímulos concretos.

Por ejemplo, si vemos a esa persona que nos gusta (estímulo), reaccionamos con una sonrisa y mariposas en el estómago (respuesta). Si vemos a esa otra que no soportamos (estímulo), fruncimos el ceño y resoplamos (respuesta).

El genial Viktor Frankl (su libro *El hombre en busca de sentido* debería ser leído por todo el mundo) dijo:

Entre el estímulo y la respuesta hay un espacio. En ese espacio reside nuestro poder para elegir nuestra respuesta. En nuestra respuesta está nuestro crecimiento y nuestra libertad.

Y tiene toda la razón, pero Viktor Frankl era un gran hombre y yo no. Lo que dice es cierto, pero requiere esfuerzo y carácter. No podemos apostar a esa carta, tenemos que ir a lo seguro y considerar cómo es la naturaleza humana.

PRINCIPIO NÚMERO 3. ESTÍMULO Y RESPUESTA

Ante cada estímulo solemos tener una respuesta que muchas veces es innata y casi inevitable, dejando muy poco de ese espacio del que habla Frankl. Sin embargo, no tendremos que hacer un esfuerzo sobrehumano por cambiar respuestas cuando se produce el estímulo. Ese es el camino difícil aunque sea el meritorio.

El fácil, y el que usaremos en este libro, es que podemos evitar las respuestas improductivas **actuando sobre el estímulo**.

Así, puedo estar una semana sin enfadarme por nada gracias a que me he convertido en un santo por pura fuerza de voluntad (algo imposible), o puedo estar una semana sin enfados porque he apagado las noticias, no he consultado las redes sociales y he descansado en un lugar bonito y aislado. En este último caso, **he cambiado los estímulos para conseguir la respuesta deseada**, relajarme, algo mucho más efectivo que tratar de resistir la influencia de estímulos negativos.

Aunque el de estímulo y respuesta sea un modelo de comportamiento simple, eso no lo hace menos real y, como veremos, es fundamental para el tema de la productividad personal.

A partir de estos tres principios:

1. Hacer menos.
2. Usar el contexto a nuestro favor.
3. Actuar sobre los estímulos para cambiar la respuesta.

Se derivan casi todas las técnicas de productividad que funcionan y vamos ver aquí. Y por supuesto, partiendo de ese primer principio de hacer menos, vamos a comenzar poniendo en práctica lo más importante para mejorar nuestra productividad personal hoy día.

7

Eliminar las distracciones, la prioridad número 1

La primera edición de este libro comenzaba de otra manera, pero en estos años, las distracciones han tenido un crecimiento tan descontrolado, que hoy es necesario empezar por aquí.

Este primer paso es el que más resultado instantáneo nos va a dar y no implica aprender nada nuevo, ni añadir técnicas adicionales a nuestro arsenal. **Implica lo contrario, quitarnos peso de encima**, siguiendo la política de que menos es más.

Así que nuestra mayor prioridad es eliminar al peor enemigo de nuestra productividad hoy día.

Las distracciones.

Todos estamos sometidos a una enorme cantidad de distracciones y actividades de poco valor que nos atraen con sus cánticos, como las sirenas de los mitos antiguos.

Si recordamos otro de los principios, las distracciones **son estímulos**.

En este caso, estímulos para que nuestra respuesta sea hacer lo que quieren otros (atenderles) y no lo que queremos nosotros (dedicarnos a lo importante).

En realidad, siempre ha sido así y el contexto ha estado lleno de distracciones que otros nos ponían, pero este problema ha crecido tanto hoy, que vivimos en lo que se llama una «economía de la atención». Hay tal cantidad de información, dispositivos, personas, redes sociales y webs que luchan porque les hagamos caso (lanzándonos constantes estímulos hasta que alguno nos atrapa y provoca la respuesta de atenderles), que es casi imposible conseguir una hora de silencio en la que centrarte en las tareas importantes.

La atención es un bien cada vez más escaso y lo más valioso en esta economía. Por eso, nuestro móvil y el resto de pantallas luchan por obtenerlo, por eso todos esos emails, llamadas y mensajes instantáneos tratan de conseguirla.

Por eso, **lo primero es recuperarla**.

¿Cómo lo hacemos?

Plan básico de eliminación de distracciones

Como siempre, lo más efectivo nunca es complicado, al contrario. Básicamente lo que hacemos es **modificar nuestro contexto** (principio fundamental número 2) para que se parezca a ese viaje en tren por zonas sin cobertura.

Para eso, seguiremos estos pasos.

1. El móvil bien lejos y en silencio

Es increíble cómo este pequeño dispositivo nos ha cambiado la vida y los hábitos. Por desgracia, a pesar de sus ventajas, es un **arma de distracción masiva**.

Así que el primer paso es **trabajar en un contexto donde el**

móvil esté bien lejos.

Para algunos, esta noción puede ser incluso aterradora y pensar que no puede hacer nada sin su teléfono. Si eso ocurre, es un síntoma claro de que debemos hacerlo con más motivo. Esa negación forma parte del pequeño «mono» que produce la adicción que tenemos al móvil.

Hasta hace unos años, todos trabajábamos sin él. Y no pasaba nada. Por eso, si queremos mejorar nuestra productividad, es imprescindible que **quitemos el móvil de la vista y además lo pongamos en silencio**, para no escuchar desde lejos el sonido de las notificaciones.

En otro despacho, metido en la mochila sin volumen... Donde sea, **pero que resulte inconveniente ir a mirarlo**, que sea un esfuerzo llegar hasta teléfono.

No sirve de nada tenerlo en silencio y a la vista. Se ha demostrado incluso que la mera presencia de un móvil, aunque sea apagado, disminuye la calidad de las interacciones personales. **Verlo ya es un estímulo** que dispara los poderosos condicionamientos que ejerce sobre nosotros.

Así que el móvil, bien lejos.

2. Internet desconectado

Recuerdo otra ocasión en la que mi proveedor de Internet falló durante 36 horas (algo terrible cuando tienes una iniciativa 100% online). Al principio fue una sensación total de desorientación, pues no había manera de ver pedidos, de contestar a nadie...

Cuando se aposentó el polvo inicial, de nuevo «estaba en el tren» y resultó la mañana más productiva que recuerdo en mucho tiempo.

Creo que pocas veces adelanté tantos proyectos, porque como no suenan el teléfono ni el correo, y tampoco puedes perder el tiempo en webs y redes sociales, no tienes más remedio que ponerte con lo importante.

Internet es una herramienta genial, pero su capacidad de distraernos de lo importante y absorbernos con tonterías es casi infinita. Desconectémosla. Eso incluye mensajería instantánea, redes sociales, email, etc.

Y si depende del email y la web tanto como yo, no se preocupe, veremos cómo gestionar eso adecuadamente.

3. Cualquier otro teléfono descolgado

Si además de móvil, tenemos otro teléfono fijo, lo descolgamos cuando estemos trabajando en lo importante. Si tenemos contestador, pues que dejen un mensaje o desviamos directamente las llamadas hasta ahí.

Si tenemos a alguien para atender el teléfono, le aseguro que **el 80% de las llamadas las puede gestionar esa persona**, y el 95%, aunque no lo parezca, no requieren realmente que les hagamos caso en el momento.

Como veremos, esto tampoco significa tener el teléfono siempre descolgado, solo en las horas importantes del trabajo importante, que veremos en breve cuáles son.

4. Entorno de trabajo lo más despejado posible

Limpiar la mesa y verla despejada ayuda a centrarse. De nuevo, esto se produce por la reducción de posibles estímulos a los que se pueda agarrar nuestro cerebro perezoso cuando quiere procrastinar.

Si solo tenemos a la vista el ordenador, la agenda o aquello en los que estemos concentrados, no habrá incentivo a echar un vistazo a ese montón de papeles que se acumulan en la bandeja o a los miles de post-it pegados por ahí.

Más que una cuestión de orden, es una cuestión de no tener excusas para perder la concentración.

5. Decir a los demás que no interrumpan si no es estrictamente necesario

Es probable que trabajemos en un contexto donde hay más personas. En ese caso, hemos de actuar en esa parte también.

He aquí el criterio real que usamos para calificar la importancia de las tareas y temas que tenemos entre manos.

Algo es terriblemente urgente si es uno de nuestros asuntos y algo carece de importancia, o se puede hacer luego, si es un asunto de los demás.

Es pura naturaleza humana y no es ni bueno ni malo, simplemente somos así. Debido a este criterio tan peculiar, **las personas nos distraemos unas a otras constantemente** por las cosas más insignificantes.

Si tenemos interrupciones constantes por parte de otros para comentar detalles, tomar un café o tener una charla informal, las eliminaremos **avisando de antemano de que vamos a trabajar en algo importante**. Así que les pedimos por favor que, si no es muy urgente, esperen a que vayamos nosotros y no vengan ellos.

La mayoría lo entenderá y respetará, porque esa misma mayoría no quiere interrumpir realmente, simplemente está condicionada inconscientemente por contextos, estímulos y comportamientos habituales que tiene programados muy hondo.

Tenemos que llegar a un acuerdo con los que están con nosotros **para conseguir bloques de tiempo ininterrumpido más o menos extensos** que, como veremos, son otra de las claves de la productividad total.

6. Eliminar el hábito de consultar nuestro email o mensajes a primera hora

Yo mismo, cuando me comunico con clientes o contactos, suelo programar el envío de emails para que lleguen temprano durante la mañana, independientemente de cuando los estoy escribiendo.

¿Por qué? Porque tenemos la mala costumbre de mirar el email como primera tarea. Yo mismo la tenía y es algo que he podido comprobar cuando he analizado porcentajes de apertura de mis correos y visto que funcionan mejor a esas primeras horas.

Pero ese es un **error clave de productividad** y tenemos que eliminar para siempre ese hábito.

Veremos en el apartado de técnicas cuál debe ser la primera tarea a acometer al empezar a trabajar, pero gestionar el email, nunca. Y quien dice email, dice también mensajes de móvil, de redes sociales, etc.

Si lo primero que hacemos el consultar el correo, entonces nos absorberá. Puede que sea ese inconveniente que ha surgido o puede que alguien nos pida algo o nos haya contado un rumor o un chiste gracioso.

Sea lo que sea, si miramos el email estamos abriendo un montón de temas (la mayoría intrascendentes) de los que nos vamos a empezar a ocupar nada más llegar al trabajo. Si es así, **vamos a dedicar una de las partes más productivas del día a tratar con tareas de poco valor.**

Además, cuando estemos terminando de gestionar el correo, apuesto a que habrá entrado otro mensaje que también reclama nuestra atención... Y ya que estamos no vamos a dejarlo ahí colgado.

La cuestión es esta. Queremos recuperar nuestro tiempo y energía para dedicarlos a lo importante de nuestra agenda. Pero cuando estamos leyendo emails o viendo mensajes del móvil, **estamos quedándonos atrapados en la agenda de los demás**.

Somos importantes, hemos de poner nuestra agenda por delante de la del resto.

Ahora, entiendo que gestionar el email y los mensajes puede ser una parte muy importante de lo que hacemos. ¿Cómo conseguir que no sea un desagüe de productividad?

La técnica que mejor resultado me ha dado es **gestionar el email por lotes un par de veces al día y a unas horas determinadas**.

Es decir, que por ejemplo a las 12 del mediodía y a las 4 de la tarde nos ponemos con la tarea de gestionar todo el email **y solo nos dedicamos a eso**, pero no estamos constantemente viendo si hay correo o contestando cada dos por tres durante el día. Esas interrupciones son muy negativas para la productividad.

Si es necesario **ponemos una respuesta automática a quien nos escriba**.

En ella podemos comentar que, para optimizar la gestión y ofrecer un mejor servicio, el email se lee y se contesta a las horas que nos hayamos puesto, así que puede esperar respuesta aproximadamente a esas horas. Así, el otro sabe a qué atenerse y la mayoría de veces lo entiende.

Si es el caso de un correo para clientes muy importantes o una dirección especial para los asuntos más urgentes, podemos decir en la respuesta automática que **nos llamen directamente** en el caso de que precisen algo inmediato.

Si lo que hacemos depende de esas llamadas urgentes, entonces dejamos el móvil fuera de la vista, **pero con sonido para llamadas, aunque no para otras notificaciones**.

Así podremos trabajar con la conciencia tranquila, sabiendo que no nos perderemos las verdaderas urgencias.

La cuestión es que, con la respuesta automática, damos una explicación razonable para que los que nos escriben no sientan que les ninguneamos, sino que tenemos un buen motivo, que no tiene nada que ver con que no los consideremos importantes.

Para la mayoría de gente, **solamente eliminar las distracciones ya supone un enorme aumento de productividad personal**, sin necesidad de hacer o aprender nada más. Esto es porque está dentro de ese 20% de cosas importantes que nos darán el 80% de resultados.

Pero podemos mejorar muchísimo más. Así que es el momento de empezar a aprender técnicas que pueden adaptarse a cualquier método que le guste utilizar para organizarse.

8

Técnicas fundamentales de productividad

Esta es la regla de oro para todas las técnicas que vamos a ver a partir de ahora.

No atragantarse.

Es decir, no cogerlas todas e intentar aplicarlas a la vez.

Vayamos poco a poco. Pruebe una mañana por la mañana, dedíquese a aplicarla con cuidado y a ver qué tal le va. Luego aplique otra al día siguiente, quizá un par al mismo tiempo... Pero no trate de abarcar todo de golpe.

Igualmente, las primeras técnicas que veremos son las más importantes. Por eso, aunque el objetivo es poner en práctica la mayoría de ellas con el tiempo, debemos priorizar (algo fundamental que también trataremos a fondo).

9

1. La técnica de productividad más efectiva

¿Ha escuchado alguna vez eso de que los hombres somos incapaces de hacer dos cosas a la vez?

Yo soy hombre y digo que «ojalá».

Porque de ser así aplicaríamos de manera innata **la clave fundamental para realizar el mejor trabajo posible en el menor tiempo** posible.

Hacer una sola y única cosa a la vez.

Si escribimos ese material de marketing lo escribimos, con todos nuestros sentidos centrados en ello. Si hablamos por teléfono, hablamos por teléfono, prestando toda la atención a la otra persona. Si estamos inmersos en perfeccionar nuestro producto, o estamos realizando un servicio a un cliente, estamos 100% enfocados en eso y no hay ninguna otra cosa que distraiga nuestra atención.

Acometemos cada tarea de nuestra lista concentrados totalmente en ella, como si no hubiera nada más en el mundo.

Esto significa que, si estamos hablando con alguien, no estamos mirando de reojo el email y a la vez estamos hojeando una propuesta de negocio. Si estamos preparando una campaña, no estamos pendientes del móvil cada cinco minutos, ni estamos charlando con nuestro socio. Si estamos escribiendo eso tan importante, no estamos distraídos en otra web o *chateando*.

El secreto de la productividad máxima y el trabajo perfecto es centrarse en una sola tarea a la vez, y solo empezaremos otra cuando hayamos terminado la anterior. O bien, si se trata de un proyecto largo, cuando hayamos terminado de aplicar la técnica del *timeboxing* que veremos más adelante.

Puede pagar miles de euros en seminarios de gestión de tiempo, que le garantizo que no le van a revelar nada más efectivo que esto, por simple que parezca. Y es que, una vez más, lo complicado no funciona y que algo sea simple no significa que sea fácil.

¿Cuáles son los dos principales problemas por los que nos resulta casi imposible dedicarnos a una sola tarea?

- El primero es el contexto hiperestimulante que nos rodea, y al que habremos empezado a poner coto con lo que hemos visto ya.
- El segundo es que hoy día se sobrevalora la *multitarea*. Parece que es incluso una cualidad deseable, y eso es terrible.

Cuando hacemos varias cosas a la vez ocurre esto:

1. **Empezamos todo, pero nunca acabamos nada**. Así que el día se convierte en un montón de tareas sin terminar y pocas cosas hay más frustrantes que esa.
2. Hacemos un **trabajo de mala calidad** en cada una de esas tareas en las que ponemos nuestra atención dividida.

1. LA TÉCNICA DE PRODUCTIVIDAD MÁS EFECTIVA

De hecho, se ha demostrado que **la multitarea reduce el cociente intelectual de una manera similar a la de fumar marihuana**. Eso es lo que realmente se consigue haciendo varias cosas a la vez, ser más tontos y realizar un trabajo mediocre que nunca se acaba.

Además, la multitarea elimina la posibilidad de alcanzar la productividad total que veremos hacia el final del libro.

10

2. La importancia de la primera hora

La siguiente técnica para sacar el máximo rendimiento a nuestro día de trabajo es esta:

La primera cosa que hacemos **por la mañana** es la tarea más importante de toda nuestra lista.

Le aseguro que esa tarea más importante **tiene la manía de no ser casi nunca la más fácil, la más divertida ni la más agradable**. De hecho, suele causarnos rechazo y buscamos excusas para procrastinar con ella y ponernos con otra cosa.

Esas sensaciones incómodas cuando nos tenemos que enfrentar a una tarea suelen ser la mejor brújula que nos señala que es importante.

Por eso, hemos de juntar la tarea más crucial con el momento más productivo.

Ese momento más productivo del día, para la inmensa mayoría de personas, **son las primeras horas de la mañana**.

Esto es algo que se ha demostrado de manera sistemática por todos los estudios que se han hecho al respecto. No es casualidad que muchos grandes emprendedores, escritores, artistas y personas que han logrado cosas, fueran madrugadores.

2. LA IMPORTANCIA DE LA PRIMERA HORA

Levantarse pronto y ponerse temprano con lo importante no es una cuestión de disciplina o superioridad moral, **es una cuestión de pragmatismo porque las primeras horas de la mañana son aquellas en las que más descansados estamos**.

Muchos consideran las dos primeras horas del día como sus «horas de oro», y las cuidan de los demás y las vigilan, porque todo el mundo quiere nuestro oro.

Si tenemos una mínima disciplina e higiene de sueño, **cosa en la que también deberíamos trabajar** (en vez de estar con la luz del móvil rompiendo la oscuridad a las tantas) las primeras del día son las horas en las que **la capacidad cognitiva es mayor**.

Sin embargo, hay quien alega que es un ave nocturna y trabaja mejor por las noches. No voy a ser yo quien lleve la contraria, pero sí lo harán infinidad de estudios, ya que está ampliamente demostrado que tenemos unos genes con reloj interno en cada célula y que **somos animales diurnos**.

Se ha comprobado también que aquellos que trabajan de noche o por turnos viven menos y están plagados de problemas de salud, debido a ese intento de ir contra nuestra biología.

Cuando se han estudiado a las personas que son «aves nocturnas» se ha comprobado que incurren en mayores riesgos de padecer enfermedades psicológicas, diabetes, desórdenes neurológicos, digestivos e incluso muerte. Lo mismo ocurre con enfermedades cardiovasculares y, si eres mujer, con mayor incidencia de cáncer de mama, algo que también se había comprobado desde hace tiempo en las enfermeras que trabajan por turnos.

Los ritmos circadianos, que controlan el ciclo de sueño y vigilia, se pueden influenciar y entrenar.

Por eso, una de las mejores técnicas de productividad es ponerse el despertador una o dos horas antes y dedicar el primer tiempo de la mañana a la tarea más importante de nuestra lista.

También soy partidario de las primeras horas del día por otra razón fundamental. Volvemos a la suprema importancia del contexto (que es lo que estamos modificando y aplicando de nuevo en esta técnica) y es que, **mientras otros duermen, es difícil que nos manden mensajes**, emails o toquen a la puerta.

El contexto durante las primeras horas de la mañana está a favor de la ausencia de distracciones.

Entiendo que este es el mundo real, que no podemos prescindir del todo de teléfonos o mensajes, y más en nuestro trabajo. Pues bien, lo que podemos hacer en su lugar es empezar un par de horas antes, cuando los demás aún no se han puesto en marcha.

Esas primeras horas son el 20% del día que nos dará el 80% de resultados.

Una vez trabajado en eso más importante, ya podemos incluso dejarnos llevar un poco por el día a día, porque al menos ya habremos avanzado en lo fundamental y, pase lo que pase, habrá sido un día productivo con la sensación de trabajo hecho.

Es importante comprender que esto no significa añadir dos horas más a nuestra jornada por la mañana temprano. Esto significa que, si hemos avanzado bien los proyectos fundamentales, **podremos terminar también dos horas antes**.

Y no, esto tampoco significa que debemos recortar dos horas de descanso. Madrugar más requiere higiene de sueño, lo que implica:

- Irnos a la cama a una hora que nos permita descanso suficiente (es decir, que anticiparemos también la hora de dormir).
- Eliminar las pantallas al menos una hora antes de meternos en esa cama (mejor si es más).

2. LA IMPORTANCIA DE LA PRIMERA HORA

- Que esas pantallas permanezcan en silencio y **fuera del dormitorio**.

Le aseguro que, **si gana las primeras horas de la mañana, habrá ganado el día** y podrá relajarse sin culpabilidad, o meterse en todas esas tareas fangosas pero necesarias, sin la sensación al fondo de su cabeza de que lo importante sigue sin hacer.

3. Planificar el día durante la tarde anterior

Si empezamos a trabajar y nuestra primera tarea del día es pensar: «A ver qué tengo que hacer hoy», ya hemos perdido. Comenzaremos a **confundir lo que es importante con ese montón de urgencias** que surgen sin remedio. Cuando eso ocurre, el día pronto nos arrastra para todas partes como una hoja al viento, en vez de ser nosotros los que marquemos la dirección.

Para evitar eso, la solución es tener cristalinamente claro lo que vamos a hacer en nuestro día de trabajo **antes de empezarlo**.

De esa manera, estrecharemos el hueco por el que se cuelan esas pequeñas miserias que nos quitan la energía y nos arrastran por donde quieren.

Para aplicar esto en la práctica, lo que mejor me funciona es: **Confeccionar el día anterior la lista de lo que quiero tener realizado para la jornada siguiente**, en un momento de tranquilidad y sin pensar en urgencias.

Ese momento para mí, es por la tarde, **justo cuando acabo de terminar el trabajo**. De esta manera, mi última tarea de la

3. PLANIFICAR EL DÍA DURANTE LA TARDE ANTERIOR

jornada es revisar y determinar claramente las del día siguiente.

Así, la mañana del día después no tengo que pensar en qué tengo que hacer, ya lo sé sin sombra de duda. Así que voy a mi entorno sin distracciones y me pongo a primera hora con la primera tarea más importante.

Si no he tocado el móvil, ni consultado el email hasta ese momento de ponerme, no habrá hueco para que se cuelen tonterías. O peor, las cosas urgentes que se hacen pasar por importantes.

Dejar todo preparado la tarde anterior ha sido uno de esos hábitos sencillos que más efecto han tenido en mi productividad personal.

12

4. Tener siempre una lista concreta de acciones y no una lista de cosas

Esta técnica se explica mejor con un ejemplo.

Hay que tener una lista de tareas importantes y ordenadas por prioridad, cada uno, con el sistema que quiera (en mi caso, un calendario) o con el sistema que deba usar por necesidad o imposición de su empresa.

Pues bien, hay una cosa más. Normalmente nuestras listas de tareas suelen ser bastante deficientes, porque en ellas tenemos anotadas un montón de cosas difusas, tales como:

1. Hacer el plan de marketing.
2. Proyecto web de X.
3. Echar un vistazo al proveedor Y.
4. Reunión con Z.

Todo eso son **actividades difusas que carecen de resultado concreto** y van a ser nuestra ruina.

Diseccionemos el ejemplo anterior.

1. «Hacer el plan de marketing» puede ser, desde hacerlo entero, hasta establecer un solo objetivo o repasarlo. ¿Cómo sé si he cumplido esa tarea? «Hacer el plan de Marketing» no incluye ningún resultado tangible que me diga cuándo lo he conseguido.
2. «Proyecto web de X» es una invitación a no saber muy bien a qué nos referimos y qué implica. Si no detallamos concretamente una acción a realizar o un resultado a conseguir, con toda seguridad trabajaremos en las tareas menos importantes de ese «Proyecto X» (algo muy humano) y este no avanzará.
3. «Echar un vistazo al proveedor Y» al menos comienza con un verbo. Esto ya es un avance como veremos, pero de nuevo es un asunto difuso. No determino qué quiero conseguir exactamente al echar ese vistazo.
4. «Reunión con Z», sin establecer un resultado concreto, es una invitación a pasarme con Z una hora de charla y volver sin haber resuelto nada. Como participante en infinidad de reuniones, puedo atestiguar que nunca he perdido más tiempo en mi vida que reunido. Quizá reinstalando Windows, pero ese es otro tema.

Yo he sido víctima de las listas inservibles de tareas. Casi todos los sistemas de gestión personal insisten en usarlas, pero pocos explican cómo hacerlas de manera eficiente. Comparemos lo de antes con esta otra lista.

1. Establecer los objetivos y estrategias del plan de Marketing.

En vez de «Hacer el plan», aquí **se especifica un resultado concreto a obtener**. Si al acabar el día tengo detallados los objetivos que quiero conseguir con el plan, y las principales estrategias que usaré para llegar hasta esos objetivos, mi tarea está completada. Y si no es así, pues no.

1. Diseñar la página principal de la web de X.

En vez de «Proyecto web de X», de nuevo **se define un resultado** de la tarea. Si tengo terminado el diseño de la página inicial al final del día, la he completado.

1. Decidir si contrato al proveedor Y.

De nuevo hay un resultado tangible que me indica si he acabado la tarea. O decido que sí o decido que no, pero no hojeo la propuesta del proveedor y luego la dejo de nuevo, o aplazo la decisión para tomarla luego, dilatando una y otra vez el resultado.

1. Reunirme con Z para decidir si trabajamos juntos en el proyecto A.

He aquí una tarea con un resultado tangible de nuevo. No voy a la reunión para ver qué tal está Z, voy con un objetivo. O al terminar le digo que trabajamos juntos en el proyecto o le digo que prefiero otra opción.

La cuestión es que si nuestra lista es un montón de cosas difusas no vamos a avanzar de manera significativa. Por eso, las que están bien hechas reúnen dos características principales:

1. **Comienzan por un verbo que define la acción** exacta a realizar.

2. **Se especifica un resultado concreto** que me diga claramente que he completado la acción con éxito, o no.

Especialmente en tareas dentro de proyectos más grandes, es crítico definir ese resultado. No es lo mismo anotar: «Escribir mi libro» que anotar: «Escribir 5 páginas de mi libro». En la segunda frase ya hay una **claridad con un resultado tangible**.

5. El Timeboxing

El *timeboxing* es una de las técnicas más efectivas de productividad que podemos integrar en nuestro día a día.

Se trata de **establecer ritmos definidos de trabajo y descanso**, cumpliéndolos a rajatabla.

Las personas no podemos aguantar ritmos interminables de algo, es necesario y natural descansar ciertos periodos. Si lo hacemos así, y tomamos intervalos de reposo adecuados entre cada periodo de trabajo, **podemos mantener un ritmo constante mucho más tiempo** y con un buen nivel cognitivo.

Por el contrario, si nos pegamos un atracón de dos horas sin parar acabamos quemados y agotados, sin la capacidad para acometer otras tareas, por muy sencillas que sean. Además, al día siguiente, probablemente recordaremos el atracón y pensar en seguir nos producirá emociones negativas, que nos inclinarán a procrastinar.

La aplicación más conocida del *timeboxing* es la famosa técnica Pomodoro. En ella, vamos **alternando intervalos de 25 minutos de trabajo con 5 minutos de descanso**. Cuando hemos completado 4 *pomodoros* tomamos un descanso más largo, de unos 20 minutos.

La técnica Pomodoro es la más sencilla y extendida para comenzar a aplicar el *timeboxing*. Además, hay un montón de aplicaciones, para ordenador y móvil, que nos ayudarán a usarla (basta una rápida búsqueda en Google para encontrarlas).

Sin embargo, en mi experiencia, cada persona es distinta. Por eso, el objetivo final es **encontrar qué periodos concretos de trabajo y descanso encajan mejor con nosotros**.

Con el tiempo, he descubierto que a mí me funcionan mejor periodos más largos. De hecho, suelo hacer 50 minutos de trabajo y 10 de descanso, con algún reposo más extenso tras un par o tres de esos ciclos.

Lo ideal es probar y ver qué se adapta a nosotros. Si usted se parece más a mí que, tras 15 o 20 minutos de estar dedicado a una tarea, consigue una inmersión mayor en el trabajo y una concentración profunda, perfecto. En ese caso, haga como yo y pruebe con esos periodos más largos, como el de 50 minutos. O bien es de los más inquietos que precisa menos tiempo para centrarse y funciona mejor con más descansos breves, como en el caso de los 25 minutos del Pomodoro.

Experimentar esto durante una semana (probando por ejemplo los dos tipos de ciclo que hemos visto, de 25 y 50 minutos) incrementará nuestra productividad desde el primer momento.

Si es usted analógico, o no quiere tener distracciones innecesarias por la tentación del móvil, no use aplicaciones informáticas para controlar los intervalos. **Hay relojes y temporizadores**, como los que se usan para cocinar, en los que podemos marcar un tiempo determinado y que nos avise cuando ha transcurrido. De hecho, yo utilizo un dispositivo de este tipo.

Usar un software o un reloj de cocina tiene la ventaja de que no tenemos que estar pendientes de si ha pasado el tiempo o no, echando vistazos de reojo al reloj. Mientras no oigamos ningún aviso, seguimos concentrados en lo que estamos.

Lo más importante para que el *timeboxing* funcione es que **respetemos los tiempos**. Porque es muy fácil que nos relajemos y los 5 minutos de descanso se conviertan en 8 o 10. Evite eso o no creará hábito.

De hecho, el fallo más habitual en el *timeboxing* no es que no se trabaje durante el periodo habilitado para ello, es coger el momento de descanso y desperdiciarlo, aprovechando para revisar el email, contestar unos mensajes o hacer una llamada rápida. Otro de los errores es navegar un rato por Internet, lo que seguramente nos enganchará, no nos dejará desconectar y estirará la pausa o provocará ansiedad, porque vemos que el descanso se acerca a su fin y otra vez estamos en Facebook, arruinando la técnica.

La clave para que funcione es que **en tiempo de descanso se hace un 0% de actividades de trabajo**, ni siquiera tangenciales. Del mismo modo, lo ideal es alejarse de pantallas.

Yo estoy sentado ante un monitor más tiempo del que debería, así que uso los descansos para **moverme, salir al exterior o incluso comer algo ligero** a veces, pero con una desconexión mental total.

El timeboxing en tareas extensas

Especialmente en proyectos más grandes, donde resulta difícil definir el resultado deseado de algunas tareas, o bien conseguir este resultado llevaría mucho tiempo de trabajo, el *timeboxing* es especialmente útil.

Por ejemplo, si tengo una de esas tareas extensas que me lleva días terminar, como escribir algo, en vez de ponerme como tarea un número de capítulos, de páginas o de palabras, puedo determinar **trabajar durante un tiempo concreto**, como sumar una hora y media de escritura (o 5 *pomodoros*).

Si estoy diseñando una web y el trabajo es buscar imágenes, procesarlas, encajarlas en el diseño, ajustar lo que le rodea, retocar el código, volver a buscar algunas alternativas porque no me convencen las primeras, cambiar esto y aquello que ha surgido... definir esas pequeñas tareas concretas en una lista no tiene sentido ni es práctico, da más trabajo anotarlas que hacerlas.

Además, son cosas a las que voy saltando de una a otra según la necesidad del momento, y eso suele pasar en muchos tipos de trabajo. Para esa clase de tareas, a la hora de definir mi lista, **el *output* a conseguir puede estar expresado en forma de tiempo**.

De esta manera: «Trabajar la página principal de la web de X durante 1 hora y media» también es una tarea clara que me dice que, si he empleado ese tiempo dedicado de verdad a ese trabajo, he conseguido lo que me proponía.

14

6. Priorizar, pero bien

Aprender a priorizar es fundamental, especialmente si no somos ricos. El dinero puede comprar tiempo, por ejemplo, delegando una tarea para que la haga otro y liberando ese tiempo para nosotros.

Pero en el caso de que no seamos Jeff Bezos o Bill Gates, no solo hay que usar la técnica de hacer primero lo más importante, sino que priorizar implica también **saber decir que no**, algo más difícil de lo que parece.

Debemos saber decir que no a:

- **Tareas poco importantes** que debemos borrar.
- **Nuevas ideas que surgen** todo el rato y que queremos perseguir con ímpetu (un ímpetu que se acabará pronto, dejándolas a medio).
- **Otras personas**. Esto es aún más complicado que decir que no a lo anterior.

Personalmente, me llegan a menudo por email ofertas para hacer multitud de cosas: colaboraciones, ver la viabilidad de

6. PRIORIZAR, PERO BIEN

proyectos conjuntos, posibilidades de licenciar productos...

A la mayoría debo decir que no, y muchos de ellos son buenos proyectos, simplemente es que, son tantas las oportunidades y cosas que nos van a surgir, que si decimos que sí a todo, vamos a estar en una **dinámica de estar empezando siempre y no terminando nunca**.

Lo primero que tenemos que aprender es a detectar las *oportunidades* y personas que nos van a hacer perder el tiempo. Por suerte, muchas veces esta tarea es sencilla. Por ejemplo, yo recibo una buena cantidad de mensajes similares a este:

«He visto lo que haces y parece interesante, yo hago [...] y he pensado que podríamos hablar **para ver si surge** alguna colaboración».

Parece una oportunidad, pero **nunca es rentable responder a algo tan difuso**. La claridad es imprescindible para la productividad en todos los aspectos.

Quien tiene claro qué quiere es un profesional, sabe lo valioso que es el tiempo y **tiene una idea específica y madurada que te expone** directamente.

Si nos reunimos o hablamos con todo el mundo, para ver «si surge algo» o sondear «qué podemos hacer», probablemente no acabaremos nunca ni surgirá nada. Y mientras tanto, el trabajo importante seguirá sin hacer porque no sabemos priorizar.

Y he aquí una pequeña técnica para aplicar nosotros, si es que somos los que nos dirigimos a alguien en ese sentido.

Cuando queramos algo de otra persona tenemos que ir **con una propuesta extremadamente concreta**, nunca con el «a ver cómo podemos colaborar».

Si es alguien serio y vamos con eso tan difuso, nos dirá que no tiene tiempo (en realidad, ni nos responderá porque no merece la pena). Si queremos colaboraciones y aliados de calidad, siempre nos tomaremos la molestia y el trabajo de haber pensado y concretado algo tangible de antemano. Es lo mínimo que podemos hacer.

Lo ideal, de hecho, es proponer algo tan concreto y tan masticado, que **solo haga falta un sí o no de la otra persona**. Pero el: «Nos reunimos y hablamos a ver qué puede salir», nunca funciona con profesionales de verdad.

Además de lo anterior, es hora de mirar bien esa lista de tareas. No tengamos miedo de darle un hachazo y borrar cosas.

Es muy liberador, porque dejamos caer peso muerto que apenas nos da nada. Si lo hacemos bien, nuestros resultados apenas lo notarán, o mejor dicho, lo notarán en el buen sentido. Si esa energía y tiempo liberados los dedicamos al 20% de actividades importantes, aumentaremos los resultados haciendo menos cosas.

Además de eso, hemos de ser implacables con el «no» si queremos ser productivos.

Cómo aprender a decir que no a otras personas

No quiero parecer exagerado, pero mucha gente (yo el primero) tiene muchos problemas para decir que no.

Pero hay que decirlo a menudo y continuar enfocados en lo importante hasta terminarlo.

Aplicar esto en la práctica es difícil porque, mientras que decir que sí es sencillo (pues genera unión y aprobación de los demás), el no produce lo contrario (confrontación y desaprobación). Así que estamos condicionados a decir que sí. O lo que es lo mismo, decir que no resulta un mal trago y puede traer conflicto.

Para empeorarlo, hay verdaderos expertos en el regateo y el chantaje emocional que son capaces de captar la duda en muchos de nosotros, dándole la vuelta a la tortilla cuando expresamos una negativa.

Por eso, vamos a ver aquí las formas más efectivas de decir que no que minimizan el conflicto y nos ahorran el mal trago en la medida de lo posible.

Si tenemos que decir «no» a trabajadores, socios, aliados, clientes, amigos, etc, esto es lo que debemos tener en cuenta.

1. Cuanto más corto, mejor

Si no queremos hacer algo, el 99% de veces **tenemos todo el derecho del mundo a negarnos sin necesidad de justificarnos** por ello.

¿Piensa de verdad que Bill Gates dice que sí a lo que le ofrecen y proponen? ¿O que tiene que justificar por qué dice que no? Es al contrario, obtener un sí de él debe estar entre lo más difícil de conseguir, porque su tiempo es importante.

Debemos adoptar esa misma mentalidad a la hora de decir que no: Nuestro tiempo y recursos son valiosos y los protegemos con el no.

La primera regla para ello es hacer la negativa lo más breve posible, dentro de las circunstancias claro está, no es cuestión de molestar al otro con un escueto «no» maleducado.

Lo importante a recordar es esto:

Cuanto menos extensa sea la negativa, menos sitio hay donde agarrarse para empezar el regateo, además de que resulta más firme.

2. La tonalidad es crítica

A la hora de la negativa **es más importante cómo se dice que lo que se dice** concretamente.

No debe haber un asomo de duda en el tono, debe ser firme y no dar pie al otro a que piense que hay posibilidad de regateo y por tanto empiece con ello.

3. No siempre hay que justificarse

De hecho, no es ni recomendable la mayoría de las veces. Podemos decir simplemente: «No puedo» o, si tenemos más confianza o relación, «lo siento, pero no puedo».

La mayoría de las justificaciones a nuestra negativa parecen más destinadas a convencernos a nosotros mismos que al otro. Por eso, en muchas situaciones no es necesario que nos justifiquemos a la hora de decir que no. Si no queremos o no podemos, es razón más que suficiente.

4. No cambie de razones sobre la marcha

Aunque no tengamos que dar explicaciones, muchas veces las daremos y tampoco pasa nada por eso. La cuestión es que, si las vamos cambiando, matizando o ampliando ante una insistencia, **estamos debilitando nuestra negativa**.

Igualmente, estamos concediendo nuevas ramas a las que agarrarse aquellos que quieren revertir nuestra decisión. De hecho, cambiar de razones para la negativa es el paso más seguro para echarnos atrás. Cualquier negociador mínimamente hábil lo sabe y lo explotará.

Si hay insistencia, utilice la técnica del «disco rayado».

Cuando la otra persona repita su petición, usted repite su negativa y motivo sin cambiar una coma. Así de sencillo.

Bueno, sencillo en teoría. En la práctica hay una presión natural a intentar justificarnos más ampliamente. Resista la tentación todo lo que pueda.

5. No invente excusas

Es mejor usar siempre motivos verdaderos, y no solo porque mentir no es buen camino, sino también por algo meramente práctico.

Si ha inventado una excusa, le va a costar mucho más mantenerla ante la insistencia y comunicarla con la tonalidad adecuada.

Evitará mirar a los ojos todo el rato, dudará, no será firme... La verdad, aunque sea incómoda, es nuestra mejor aliada para que una negativa salga adelante.

6. Use La regla de la mafia

Al igual que la mafia, **si decimos algo lo llevamos hasta el final**.

La mafia, si amenaza, cumple y así construye su reputación. Nunca falla a esa regla sagrada, porque sabe que, la primera vez que lo haga, se habrá abierto un túnel que los otros van a intentar agrandar como sea.

Aquí pasa lo mismo. Si nos echamos atrás en nuestra negativa a causa de quejas, ruegos o chantajes emocionales, hemos sentado un horrible precedente.

Si hemos hecho una excepción, todos los que vengan detrás podrán agarrarse a ella (y con razón). Y sí, la mafia nos puede enseñar a ser más productivos.

7. Cuidado con el «lo siento» inicial

Muchas veces estamos tentados de empezar la negativa con un: «Lo siento, pero...».

De hecho personalmente las suelo iniciar así (incluso en el ámbito profesional) con aquellos a los que aprecio más. Sin embargo, yo mismo reconozco que es peligroso en el sentido de que **puede debilitar nuestra negativa** y dar una agarradera a que se intente dar la vuelta a nuestra decisión.

De hecho, cuando utilizo el «lo siento», me aseguro de que el tono es seguro, miro a los ojos, la negativa es breve y no vacilo.

Lo siento, pero no puedo hacerme cargo del proyecto, ahora mismo tengo la agenda sin un hueco para los próximos meses.

Mientras que el «lo siento» puede indicar empatía con la situación del otro y no hacernos parecer un ogro, es importante cerrar la puerta firmemente después de decirlo, **dejando caer un motivo sólido que no dé pie al regate**.

Y si el otro insiste, se usa el disco rayado.

8. El cumplido antes de la negativa

Lo que buscamos aquí son maneras de suavizar el no de cara a la reacción del otro sin debilitar nuestra decisión. Una manera es usar algún cumplido o aspecto positivo sobre la situación antes de negarnos a ella. Personalmente, me suele funcionar bastante bien y, de hecho, es uno de mis métodos preferidos.

«Me encantaría participar en ese proyecto, es realmente atractivo, pero ahora mismo tengo la agenda llena para los próximos meses».

De hecho, si no encontramos nada positivo sobre el tema que tiene que ver con la negativa, siempre podemos buscar algo en el plano personal.

Me interesa lo que haces, pero no puedo participar en el proyecto, porque tengo mi agenda llena los próximos meses.

9. Use «motivos innegables»

A la hora de una negativa aportando explicaciones, una de las mejores tácticas es recurrir a los «motivos innegables».

Se trata de **exponer una razón con la que el otro difícilmente pueda estar en desacuerdo**.

Esto se ve mejor con un ejemplo.

Para negarme a propuestas que me llegan, la mayoría de las veces suelo alegar que la promoción bien hecha de un producto, o la participación en un proyecto, requieren de una dedicación importante. De comprometer bastante tiempo y esfuerzo para hacerlo como se merece, de modo que ahora mismo no tengo ese tiempo porque estoy ocupado.

Si se fija, se da poco margen al desacuerdo del otro, porque es una verdad universal que, si algo se quiere hacer bien, precisa de tiempo y esfuerzo importantes.

La cuestión es que si el otro rechaza mis argumentos, en realidad está poniendo en mala posición lo que ofrece, porque está implicando que su proyecto no es importante, o bien que no se va a trabajar de manera seria.

«Lo siento, pero un proyecto así merece una dedicación importante para que funcione bien. Aunque me atrae, tengo la agenda llena en los próximos meses».

Con la tonalidad y términos adecuados uno puede exponer motivos, decir que lo siente e incluso empatizar **sin necesidad de debilitar su posición**.

Siempre puede encontrar algún motivo innegable para

suavizar la negativa, especialmente con aquellos que apreciamos más.

Y si no, un motivo innegable es el que estoy usando en todos los ejemplos que he puesto: «Estoy ocupado con mucho trabajo». Es muy difícil que el otro pueda refutar eso y tampoco se van a poner a mirar nuestra agenda.

10. No esconderse tras otros

Una de las tácticas más usadas cuando nos toca dar negativas complicadas es la de esconderse tras otros. Ya sabe, el típico: «Yo por mí sí lo haría, pero mi jefe no está dispuesto».

Si eso es cierto (casi nunca lo es) entonces nada que objetar, pero si no lo es, **no lo recomiendo en absoluto**. Si la decisión es nuestra, especificamos claramente que somos nosotros los que decimos que no.

Los motivos para no esconderse tras otros son varios:

- Si recurrimos al escudo falso de otros, **no estamos cultivando la habilidad de decir que no**. Estamos generando una falsa capacidad para escurrirnos de la situación, y uno no se puede escaquear para siempre de lo que no quiere afrontar.
- **Estamos mintiendo**, así de simple. Con lo que nuestra tonalidad, expresión, etc, se van a resentir y nos pueden pillar.
- Estamos **dando un asidero para que nos atrapen** y un negociador hábil pueda seguir insistiendo. Para empezar, estamos quedando como que nosotros no somos el interlocutor adecuado, de modo que alguien avispado querrá saber quién es y cómo llegar hasta él.

Si además estamos diciendo que: «Por nosotros sería un sí», cualquier negociador competente va a querer llegar hasta ese interlocutor válido y que le ayudemos con él. Al fin y al cabo, estamos de acuerdo con lo que propone y nos han capturado con nuestras propias palabras.

En definitiva, usar a otros como escudo es ponernos una bomba bajo la silla, que cualquier persuasor medianamente competente puede utilizar para encender la mecha.

8. Delegar las actividades que no sean fundamentales

No podemos comprar más tiempo para nosotros, el día tiene 24 horas y ya está.
Pero podemos comprar el tiempo de los demás y liberar el nuestro de las tareas que no sean fundamentales.

No hay otra manera de hacer los días más largos.

Por ejemplo, si somos emprendedores, las tareas fundamentales de nuestra empresa son **producto y marketing**, y a ellas deberíamos dedicar el 80% del tiempo. La contabilidad e impuestos, el diseño, los problemas y retos informáticos, las tareas administrativas como facturas, teléfono y demás, debemos delegarlas en la medida en la que nuestro dinero nos permita.

Si somos el típico emprendedor/contable/informático/administrativo, esas tareas necesarias, pero no fundamentales, se van a comer el tiempo de las importantes, ocupando los días y no permitiéndonos avanzar.

Presentar los impuestos es crucial si no queremos que Hacienda toque al timbre, pero los impuestos no dan resultado directo y hacienda no trae clientes, así que no es nuestra prioridad al ocupar el tiempo. Muchos emprendedores manejamos la actividad como hombres orquesta, lo tenemos que hacer todo en el mundo real, algo que **cuando eres modesto es necesario, especialmente al principio**.

Pero si los ingresos lo permiten, hay que empezar a delegar esas tareas en personas que lo van a a hacer mejor y nos van a quitar un peso enorme de encima.

Sé lo que está pensando, porque yo también soy la persona más incapaz de delegar que he conocido... Pero hay que hacerlo y, si no se sabe, como era mi caso, debemos aprender a confiar.

Podemos ir delegando gradualmente, para no tener que enfrentarnos a cosas en las que tardamos dos horas y otro las haría mejor en 5 minutos. Si es así, hemos desperdiciado dos horas para encontrar un cliente con el que pagar a ese experto y, de paso, obtener un margen de beneficio.

16

9. Desconectar al 100% en el tiempo de ocio

Esta siempre ha sido, junto con delegar, mi piedra de toque particular. Hoy, la desconexión es un lujo, porque los mensajes te persiguen en el móvil y puedes mirar el correo en cualquier lugar. O estás tentado de ponerte solo 5 minutos con el portátil un sábado y te quedas enganchado durante más de una hora.

Pero hay que desconectar, tener incentivos más allá del trabajo y una vida «ahí fuera». Si no, tenemos las papeletas para acabar quemados y hacer un trabajo mediocre.

Si es aficionado a hacer ejercicio sabrá que el músculo no se crea cuando lo trabajamos, al contrario, se destruye, se van produciendo microrupturas en la fibra durante el esfuerzo. El músculo se genera en el periodo de descanso en el que se reconstruye todo. Si hemos hecho el ejercicio bien, y si damos suficiente tiempo de recuperación al músculo, entonces se regenera más fuerte al producirse un cambio adaptativo, destinado a que la próxima vez que nos ejercitemos nuestro músculo aguante mejor.

Para lo que nos interesa aquí, **lo mismo pasa con nuestra capacidad de ser productivos**.

Actualmente, tengo la enorme fortuna de trabajar en algo que me gusta, pero no ha sido así siempre, y aquellos eran periodos de preocupación constante y no desconectar.

En los tiempos en los que toca perder algo de sueño, pues se pierde. Nadie dijo que esto fuera fácil y, si está leyendo esto, estoy seguro de que no se le caen los anillos por trabajar a deshoras. Pero si he terminado lo importante y he tenido que hacer un *sprint*, no me acerco a un ordenador en los tres o cuatro días siguientes, salgo al mundo exterior y procuro cultivar otras cosas... Para volver con fuerza.

Por experiencia, esta es la lección que más me cuesta inculcar en muchos clientes. Pero una vez la aplicas, te das cuenta de que **la energía, la motivación y la capacidad de trabajo se generan en los periodos de descanso y desconexión**.

No se puede vivir siempre de la adrenalina, palabra de exconsultor.

El síndrome del cerebro dividido y el descanso culpable

Personalmente, siempre he sido (y todavía soy) uno de esos emprendedores con lo que llamo el «cerebro dividido y el descanso culpable».

Con esto me refiero a la manía de que cuando estaba descansando no desconectaba al 100%. Tenía el cerebro dividido entre la necesidad de descansar y seguir pensando en la tarea que había dejado a medio. Mi cabeza se quedaba entre dos tierras, en las que, ni se relajaba del todo, ni pensaba eficazmente sobre lo que me quedaba por hacer.

De la misma manera, como no has descansado, cuando estás trabajando vuelves a tener el cerebro dividido. Este trata de escapar de la tarea y se marcha a pensar en otras cosas, de manera que tampoco está al 100% concentrado en lo que tiene delante. Recordemos que la regla de oro es hacer una sola cosa a la vez.

Nada hay más reparador que un día en el que has cumplido por la mañana el par de objetivos críticos que te has puesto, y luego puedes pasarte la tarde leyendo sin culpa, quedando con los que te importan o haciendo lo que te gusta sin el más mínimo remordimiento, porque tienes la satisfacción del deber cumplido.

Lo que mejor me ha funcionado para evitar el cerebro dividido y el descanso culpable ha sido:

1. Ser muy estricto con el descanso

Si toca desconectar, toca desconectar. Sé que esto es difícil, pero si es así, ayúdese de su familia o amigos.

Prohibido trabajar después de cierta hora y ser escrupuloso con el tiempo de descanso cuando estamos haciendo un trabajo por intervalos, como hemos visto con el *timeboxing*. Nada de dedicar esos minutos al email, sino a desconectar completamente, coger un libro o echarse unos minutos cerrando los ojos.

2. Procurar tener bien claros el par de objetivos críticos del día y cumplirlos como sea

Si se nos queda algo crítico sin hacer en la jornada, hemos plantado la semilla del descanso culpable.

El antídoto es la sensación del deber cumplido, algo para lo que **se deben tener muy claros los objetivos fundamentales del día, reducirlos a unos pocos a fin de que no sean imposibles y trabajar en ellos**, dejando de lado esas pequeñas tareas miserables que ocupan mucho y no dan nada.

3. Desconectar enfrascándose en actividades placenteras y aficiones

A mí me cuesta no pensar en nada y dejarme llevar. Lo de sentarme a poner la mente en blanco no es lo mío, ni probablemente lo de casi nadie, no nos engañemos, evolutivamente no estamos hechos para eso. Mi cerebro tiene vida propia y es caprichoso, por eso precisa estar enfrascado siempre en algo. Si no es así, decidirá irse hacia lo que más le preocupa. Es la manera que tiene de hacer las cosas.

La solución es darle algo con lo que estar entretenido y eso significa **tener una vida más allá del trabajo**. Una que apasione, con *hobbies*, amigos y diversiones que tengan al cerebro ocupado y contento, con algo que disfrute y permita recuperar la energía. En realidad, la cabeza no para nunca, ni siquiera durmiendo, pero su manera de descansar es dedicar energía a esas actividades que nos apetecen, porque nos recargan en vez de vaciarnos.

Una película, el deporte, pasear, una cerveza con los amigos, una siesta... Debemos hacer esas cosas para ser productivos, aunque parezcan una paradoja.

17

10. La regla de los 2 minutos

Esta y la siguiente técnica que vamos a ver están extraídas del sistema de organización GTD (*Getting things Done*) de David Allen.

Es un sistema recomendable para echar un vistazo, pues tiene algunas cosas que, personalmente, he integrado y aplicado en mi día a día desde hace muchos años.

Quizá el sistema GTD se adapte completamente en su caso. Yo lo probé cuando surgió y, como pasa con los sistemas muy detallados de otros, su funcionamiento en mi caso es limitado y solo durante un tiempo. Pero mi experiencia no tiene que ser la suya. Si es de los que necesitan ser especialmente ordenados y sistemáticos, lo recomiendo. Al fin y al cabo, tiene miles de seguidores en todo el mundo.

Una de las cosas más útiles de GTD y me he quedado es la regla de los 2 minutos:

Si una tarea ocupa menos de 2 minutos, la hacemos en cuanto nos la encontramos.

Puede ser un email que se responda con un sí o un no, o una llamada que apenas cueste ese par de minutos. Para tareas así, obviamente ni las anotamos ni las introducimos en nuestra agenda o sistema, simplemente las hacemos en el momento.

De hecho, personalmente he ampliado la regla a 5 minutos y merece la pena ponerla en práctica.

11. La regla de «tocar las cosas una sola vez»

En el sistema GTD se llama «tocar el papel una sola vez» y consiste en que, cuando coges un papel (que tiene que ver con una tarea o lo que sea), **nunca dejas para luego la decisión de qué hacer** con él, sino que la tomas en ese momento.

Básicamente en GTD hay 5 decisiones posibles:

1. **Actuar ya**, por la regla de los 2 minutos o la importancia urgente que tiene la tarea.
2. **Planificar** qué hacer en el futuro, anotando la tarea para realizarla un día y a una hora determinados.
3. **Delegar**, porque mejor que lo haga otro.
4. **Desechar**, porque lo que tenemos delante no sirve para mucho o va a dar muy poco valor.
5. **Guardarlo** como referencia para el futuro, si por ejemplo es una información interesante que convendría almacenar, pero no viene al caso ahora, ni precisa ninguna acción en el momento.

La cuestión es que **si «tocas» un papel, en ese instante tomas una de esas 5 decisiones** y la ejecutas. De esta manera, solo «lo tocas una sola vez». No estás dando vueltas y examinando la cuestión durante toda la mañana, perdiendo así un tiempo precioso.

Si resulta que difieres la acción (porque es algo en lo que no tienes que actuar hasta dentro de un par de días), la próxima vez ya no lo tocas para volver a pensar y decidir, sino que directamente haces lo previsto cuando llegue el momento.

La regla de oro es pues que, **si lo tocas, decides**.

Y quien dice papel, obviamente, dice cualquier cosa, como un mensaje o un email.

Si me pongo a leer un correo, enseguida tomo la decisión: o contesto si es un minuto, o lo borro (lo más probable), lo almaceno, lo difiero para actuar en un momento posterior o lo delego. Pero atrás quedaron los tiempos de estar gastando un enorme tiempo y energía releyendo y postergando decisiones, con un montón de emails en mi bandeja de entrada.

19

Técnicas avanzadas de productividad

Las once técnicas anteriores deben ser nuestro cimiento y las debemos ir **integrando de manera gradual**.

Es importante que no queramos correr antes que andar, por eso, si no tenemos en orden lo que hemos visto hasta ahora, no extraeremos todo el rendimiento de lo que vamos a ver a continuación.

De ahora en adelante vamos a ver técnicas de productividad más avanzadas, un poco más complejas (pero muy poco, porque si no, no funcionan) y que, en el fondo, aprovechan lo aprendido ya.

Avanzadas no significa mejores o más efectivas. De hecho, por sí solas y sin trabajar lo anterior, tienen una eficacia limitada o nula. Por un momento, incluso he dudado en llamarlas «avanzadas», debido a la connotación que puede tener la palabra y porque soy el primero que tiende a ignorar el poder de lo fundamental en favor de lo supuestamente avanzado.

Las personas creemos que lo que funciona son soluciones complejas, pero prácticamente nunca es así y no podemos caer en ese error.

Teniendo en cuenta lo dicho, veamos estas técnicas.

20

1. Cómo tener toda la energía del mundo

En realidad, **la productividad nunca es una cuestión de gestión de tiempo**. El día tiene 24 horas y ya está, no podemos añadir ni un segundo, si acaso, podemos recuperar para nosotros algo de esas 24 horas delegando, como ya hemos visto.

Entonces, ¿qué es la productividad?

La productividad, en el fondo, es un tema de **gestión de energía**.

¿Le gustaría tener toda la fuerza del mundo para afrontar sus proyectos y trabajar en ellos de manera incansable?

Por supuesto que quiere y para conseguir este estado ideal «solo» hace falta un componente: **motivación**. Cuando estamos suficientemente motivados por algo, removemos cielo y tierra, la energía nos sobra y no hace falta que alguien nos diga que trabajemos, nosotros mismos estamos ansiosos por empezar y no vemos la hora de ponernos.

Por eso, **para ser realmente productivos, es imprescindible estar motivados**.

Sin embargo, tenemos varios desafíos con esto.

- **Entendemos mal la motivación** y por qué se produce realmente.
- En ocasiones, la motivación **es difícil**, como pasa con todo lo importante.

Por eso, vamos a ver qué podemos hacer para tener una motivación real y duradera, algo que, como veremos, no tiene que ver con frases vacías ni discursos épicos. Al contrario, eso es humo y no funciona.

De dónde nace la verdadera motivación

Centenares de trabajos y estudios en el campo de la motivación han revelado que hace falta que se satisfagan 4 necesidades básicas para que estemos motivados.

1. La **competencia**.
2. La **autonomía**.
3. La **conexión**.
4. El **propósito**.

Si esas necesidades están cubiertas **permanecemos motivados, productivos y felices** con lo que hacemos. Si no lo están, nos desmotivamos y la satisfacción cae en picado. Así que conviene comprender bien esos 4 elementos.

La competencia implica que se trabaja bien, con calidad, sin chapuzas, sin el objetivo de pasar las horas, hacer caja e irnos a casa. Con la competencia, además, hemos adquirido una cierta maestría en lo que hacemos que nos coloca entre los mejores.

1. CÓMO TENER TODA LA ENERGÍA DEL MUNDO

La autonomía no significa dar completa libertad y que cada uno haga lo que quiera, significa **capacidad de decidir dentro del trabajo que se hace**. Si nos mandan hacer algo, pero no tenemos capacidad de decisión o libertad para hacerlo al menos un poco a nuestra manera, nos desmotivamos.

La **conexión** implica la capacidad de **formar equipos con el resto de la gente** y sentir que perteneces a algo. Por ejemplo, en la famosa marca *Gore-TEX* cualquiera que desee ascender en la empresa y empezar a liderar equipos debe reunir a un grupo de gente que esté dispuesta a trabajar con él. Somos humanos y por tanto seres sociales, aislarnos, o que nos aíslen, reduce nuestra motivación.

El **propósito** significa que pensamos que lo que hacemos tiene **un motivo más allá de ganar dinero** solamente. Mejoramos la vida de otros, innovamos o hacemos algo que deja el mundo un poco mejor de lo que lo encontramos... No tienen que ser grandes cosas en realidad, pero tenemos que ver ese propósito que va más allá de sumar unos euros.

En la práctica, no vamos a poder conjuntar siempre las 4 claves de la motivación, pero debemos aspirar a que estén presentes en nuestras vidas en la medida de lo posible.

Esto implica:

1. **Esforzarnos en ser los mejores**, lo que nos dará competencia y maestría. Porque si no estamos trabajando en algo para ser lo mejor que podamos ser, quizá deberíamos cambiar de actividad.
2. **Conseguir esa autonomía**, esa cierta libertad o capacidad de hacer las cosas a nuestra manera, aunque sea un poco.
3. **Socializar en la medida de lo posible**. Esto incluye a aquellos con los que trabajamos y, si somos emprendedores

solitarios, generar contactos y aliados, pertenecer a un círculo y tener apoyos.
4. **Tener un propósito más allá de ganar dinero con lo que hacemos** y que se base en ayudar a otros o mejorar su vida de alguna manera. No importa que sea un poquito y en cosas aparentemente insignificantes, no hay acto de bondad pequeño.

En 1983, un Steve Jobs de 27 años quiso que John Sculley, director ejecutivo de Pepsi, se fuera con él, asumiendo un enorme riesgo. Obviamente, no podía ofrecerle más dinero ni más poder que la segunda empresa de refrescos de Estados Unidos, y más cuando Apple estaba todavía en sus comienzos y era casi desconocida. Sculley dijo que no, obviamente, pero Jobs sabía lo que podía motivar a alguien y no era el dinero, así que le hizo esta pregunta:

«¿Quieres seguir vendiendo agua azucarada el resto de tu vida, o prefieres unirte a mí y cambiar el mundo?».

Sculley se fue con Jobs y el resto es historia.

Cómo aplicar esto en la práctica

Como suele pasar con muchas cosas importantes, es difícil dar recetas prácticas y paso a paso en la motivación. Todo comienza por echar un vistazo sincero y «auditar» cuántos de esos 4 elementos tenemos cada día en nuestra actividad.

- **Esforzarnos en ser los mejores** sí está al alcance de nuestra mano, nos dediquemos a lo que nos dediquemos, así que nunca debemos dejar de aprender y practicar.
- Conseguir autonomía puede ser algo que ya viene dado si, por ejemplo, somos emprendedores, pero también puede

ser difícil si trabajamos para alguien. No obstante, debemos buscar esos huecos para hacer las cosas a nuestra manera, aunque sea un poco. O siempre hay otra forma de conseguir autonomía, consiguiendo poder. Es decir, ascendiendo para tener capacidad de decisión.
- **Socializar es fundamental** para nuestra salud mental en general, no sólo para la motivación. Este suele ser el elemento más difícil para autónomos, emprendedores y artesanos o artistas solitarios. Si no podemos en el trabajo, debemos hacer un esfuerzo por mantener vínculos y relaciones sociales fuera de él, son lo más importante. De hecho, según los estudios mejor realizados, también son el elemento fundamental para la felicidad en general.
- El propósito es la gran piedra de toque. Porque podemos sentirnos como vendedores de agua azucarada muchas veces, pensando que no estamos haciendo mucho, excepto empeorar las estadísticas de diabetes.

El propósito es lo más difícil de aplicar en la práctica y **debemos plantearnos si la actividad que realizamos nos satisface de verdad**. No es cuestión de seguir los sueños o la pasión, eso encierra sus propios peligros y, de hecho, es un consejo horrible y peligroso, porque está falseado.

Pero si queremos estar motivados a menudo y por tanto ser productivos, no podemos hacer algo que odiamos o que sentimos que no tiene un impacto positivo.

En la medida de lo posible, tenemos que tratar de dejar esa huella o afrontar la realidad de que muchos estamos «atrapados» en algo que no nos gusta.

Si es así, nunca estaremos todo lo motivados que podemos y nuestra productividad se resentirá siempre, no importa cuántas técnicas apliquemos.

2. La productividad «forzada»

Una de mis citas preferidas es de Leonardo da Vinci: «Tengo la urgencia de hacer. Saber no es suficiente, estar dispuesto no es suficiente, debemos hacer».

El carácter de Leonardo estaba impreso de la urgencia para crear, la historia es testigo de que eso le impulsó a una vida inigualable que nos legó multitud de maravillas. Pero muchas veces, la naturaleza humana no es como la de Leonardo. Por desgracia, no todos podemos ser tan excepcionales. Para mí, que nunca he tenido una disciplina de acero, **me resulta necesario tener algo de «prisa externa» por hacer**, manufacturando lo que a Da Vinci le surgía de manera natural.

Es decir, que **con un poco de presión funciono mejor que sin ella**, como suele ocurrir con muchas personas.

Como se muestra en el libro *Prediciblemente irracional* del profesor Dan Ariely, los experimentos sobre productividad y tareas siempre han dado el mismo resultado:

Cuando la gente tiene cierta urgencia y fechas límite cercanas, trabaja más y hace más. Pero cuando les das todo el tiempo y la libertad para organizarse, acaban menos cosas y las hacen más tarde.

Por naturaleza, a las personas nos atrae el concepto de libertad, siempre la elegiremos en cualquier ámbito y hemos visto que es necesaria una cierta autonomía (que tiene que ver con la libertad) para estar motivados. Pero si queremos ser verdaderamente productivos, debemos usar a nuestro favor el **enorme poder que tiene ponerse restricciones**, y cómo bajo ellas vamos a trabajar mejor.

Es lo que llamo la «productividad forzada».

Si se siente identificado con lo que he dicho y usted tampoco es Leonardo, esto le interesará mucho.

Cómo aplicar la productividad forzada en la práctica

Estos son los pasos que mejor me funcionan:

1. Propóngase un objetivo, con una **fecha límite no muy lejana** en el tiempo.
2. **Exponga ese objetivo** ante gente cuya opinión le importa de verdad, como familiares, amigos o clientes.
3. **Ponga algo en juego si no cumple** el objetivo. Puede ser dinero, por ejemplo, que se compromete a pagar si no consigue su propósito
4. Empiece a trabajar.

Como vemos, estamos simulando esas situaciones en las que tenemos una presión por terminar **y consecuencias reales cuando no lo conseguimos**. Todos hemos vivido esos momentos en los que se acababa el plazo de Hacienda, había que entregar un informe a primera hora del día siguiente o terminar un trabajo para un cliente sin posibilidad de retrasarlo más. Y

2. LA PRODUCTIVIDAD «FORZADA»

todos hemos hecho lo necesario para llegar a tiempo, aunque sea trabajar toda una noche, porque si no, las consecuencias, **incluyendo la vergüenza**, iban a caer con todo su peso sobre nosotros.

Aquí manufacturamos esa presión externa, esa cierta prisa de Da Vinci. Para que nos motive de verdad, es importante tener en cuenta lo siguiente:

1. **El plazo para cumplir no tiene que ser muy lejano**, o caeremos en la trampa de dejar para luego, tener que correr y poner en peligro nuestro objetivo.
2. **Las personas ante las que nos exponemos nos tienen que importar**, para tener el *peligro* de la vergüenza en caso de que no lo logremos. Estamos tan condicionados evolutivamente a buscar la aceptación de un grupo, que vamos a hacer lo indecible por no defraudar y quedar mal ante ellos, a fin de que la percepción que tienen de nosotros no empeore.
3. **Debemos tener consecuencias reales** más allá de la vergüenza, para incentivarnos a conseguir el objetivo y no perder dinero o algo que apreciamos.

La manera más efectiva de aplicar el punto 3 no es ganar algo si conseguimos hacer lo que nos proponemos, de modo que nos pongamos una recompensa en caso de éxito, sino **perder algo que nos importa si no lo logramos**.

Así es la naturaleza humana, nos incentiva más alejarnos del dolor que acercarnos al placer.

Es más, mucha gente dice que, como *castigo* si no consigue lo que se propone, donará X dinero a una ONG, pero eso puede justificar de manera retorcida no lograrlo. Al fin y al cabo, si no lo conseguimos estaremos teniendo un impacto positivo con esa donación.

Lo que hacen algunos para evitar ese efecto perverso es apostarse que, si fallan, donarán dinero **a una causa que no les gusta nada**, como el partido político o el equipo de fútbol que menos simpatía les despierta.

Con esa clase de motivación y esas consecuencias, no hay excusa.

El problema de que todas las personas no seamos iguales

Una de las premisas de este libro es que no hay balas mágicas. Las técnicas detalladas aquí sirven para una enorme mayoría de personas en la mayoría de situaciones. Sin embargo, ni yo ni nadie puede asegurar que sirven siempre para todos.

En el caso de la productividad forzada, esta técnica funciona bien para personalidades como la mía y la de muchos otros, pero esta técnica puede no resultar efectiva para todo tipo de personas.

De hecho, para algunos, lo que funciona es exactamente lo contrario de lo que hemos expuesto aquí.

El poder de callarse

Mientras que a algunos la técnica de la productividad forzada les (me) va muy bien, en otros ocurre lo contrario y hay quien propugna que lo efectivo es precisamente lo contrario, **ponerse una meta y luego callarse y trabajar**.

Peter Gollwitzer en un psicólogo de la Universidad de Nueva York que realizó un famoso estudio en 2009 que concluyó que, los científicos que formaban parte del estudio, lograban escribir y terminar más trabajos cuando se callaban que cuando compartían con sus compañeros de profesión su intención de trabajar en algo.

La explicación que se suele dar es que el acto de compartir tus intenciones, e incluso cómo planeas llevarlas a cabo, nos hace sentir bien, nos hace sentir que estamos avanzando y realizando ya parte de la tarea.

En realidad no estamos avanzando ni un paso, pero nuestro cerebro tiene serias dificultades para distinguir lo real de lo imaginado y una habilidad innata para buscar cualquier excusa o forma de evitar el verdadero trabajo. Fantasear, planificar, decir a los demás nos da un falso sentido de avance, de que nos hemos puesto con ello, cuando en realidad no es así. Las redes sociales están llenas de comentarios de gente que, esta vez sí, se va a poner en serio a escribir esa gran novela, con el ejercicio, la dieta, el inglés, etc. Pero es cierto en esos casos que quien más dice es quien menos hace.

Por eso, algunos como Derek Sivers en su famosa charla TED, abogan por la ruta contraria: callarse es mejor si queremos hacer cosas.

Así que es posible que nosotros seamos uno de esos y nos convenga elegir este camino. No obstante, es cierto que más de uno se habrá dado cuenta de que compartir tus objetivos, fantasear con ellos o planificarlos en tu cabeza no tiene nada que ver con la productividad forzada que hemos visto antes. Hacer público nuestro compromiso es el primer paso, pero ni siquiera es el más importante.

Para todo el que dice que por fin se va a poner en serio con esa gran novela o con el ejercicio, no hay consecuencias reales. No pasa nada si no lo hacen. De ello, muchos lo dicen para recibir ese pequeño *chute* mental en el que nos parece que estamos haciendo algo. Cuando fantaseamos, no hay obstáculos y además, en ocasiones, recibimos apoyo de los demás cuando compartimos nuestras intenciones, con comentarios de ánimo y de qué bien que te vayas a dedicar a lo que quieres.

Pero luego la vida sigue igual y no pasa nada. Los de los comentarios no están pendientes, ni realmente van a cambiar su opinión sobre el otro. Al fin y al cabo, prácticamente nadie se pone en serio con el deporte o la dieta, o nos animan simplemente por quedar bien, porque es lo que se le debe decir a un amigo, aunque sea la décima vez que ese amigo dice algo y no lo hace.

De todas maneras, de entre todas las técnicas de este libro, la menos *universal* es esta de la productividad forzadas, así que es mejor saber que la moneda tiene un reverso y que puede que en nuestro caso funcione mejor la parte de la cruz que la parte de la cara.

3. El poder de generar un hábito

La motivación es fuerza pura y hay veces que parece inagotable, pero en estos años me he dado cuenta de que **no hay nada más poderoso para hacer las cosas importantes que formar un hábito**. De hecho, si me dan a elegir entre tener motivación o haber formado el hábito de hacer algo, me quedo con lo segundo. Soy un pragmático sin remedio.

Prácticamente todo lo que hacemos es producto de nuestros hábitos.

Lo que ocurre es que, muchas veces, tenemos inculcados bajo la piel hábitos nefastos e inconscientes, como el que yo tenía durante mis tiempos de consultoría de levantarme todo lo tarde que pudiera y luego tener que correr, en vez de hacerlo más temprano e ir más despacio.

¿Y cómo formar un hábito?

Pase unos dos meses haciendo algo sin excusas cada día y al final se convertirá en casi automático.

Muchas veces habrá oído que hacen falta 21 días para formar un hábito. Ese número es un mito y, cuando se ha estudiado el tema, **las cifras eran muy variables entre distintas personas** pero, si hubiera que decir algún número, este estaría **sobre los 60 días**.

La formación de un hábito no es sencilla. Por eso, la primera regla suele ser **empezar muy poco a poco**.

No trate de generar el hábito de levantarse a una hora y completar todo un complejo ritual matutino de siete pasos haciendo ejercicio, desayunando sano, etc. **Céntrese en el hábito de hacer una sola de esas cosas**, una sola, como levantarse un poco más pronto. Y construyamos a partir de hábitos muy pequeños para empezar.

Y sí, cuesta. Nuestra cabeza y costumbres tienen una enorme habilidad para inventar excusas de todos los colores y abandonar.

Aguantemos esa primera fase, porque acabará cediendo.

Me gustaría poder ofrecer alguna fórmula mágica para hacerlo más fácil, pero aparte de empezar con hábitos muy pequeños, **hay veces que la solución es apretar los dientes durante un tiempo y no hay otra**. Al final, si no estamos dispuestos a apretar esos dientes un poquito por algo, deberíamos plantearnos qué hacemos intentando ese algo, porque si no somos capaces de sacrificarnos aunque sea mínimamente, **deberíamos hacer algo muy distinto**. De lo contrario, no solo no formaremos un hábito, es que vamos a vivir y trabajar amargados.

Recordemos en qué se basa la verdadera motivación, porque si hacemos algo que sea capaz de generarla, inculcar ese hábito será mucho más fácil.

Yo, cuando quiero formar un hábito me lo planteo como un reto personal. No me gusta nada cuando me propongo un desafío y no lo cumplo, o bien de nuevo uso la presión positiva y me expongo ante alguien diciendo que, durante ciertas semanas, voy a hacer esto o aquello.

3. EL PODER DE GENERAR UN HÁBITO

Con el pasar de los días, **la cuesta arriba inicial cede, el camino se vuelve más llano y el nuevo hábito se va integrando**. Llegará un momento en el que cambia la marea y ocurre lo contrario que al principio: Si no lo hacemos, nos empezamos a encontrar raros y como que nos falta algo. Es como lavarse los dientes, en cuanto no lo haces, te empiezas a sentir incómodo.

En una ocasión estuve en Irlanda y visité una exposición dedicada a uno de mis autores preferidos. Allí estaban sus resultados de un test sobre trabajo y creatividad. En la pregunta «¿Trabaja todos los días independientemente de la inspiración y el ánimo que tenga?». La respuesta marcada era: «**Siempre**».

Ganó el Nobel de literatura.

He hablado con muchos emprendedores, he leído infinidad de biografías y vidas de gente que llegó lejos en lo que se propuso. Un denominador común es que, pasara lo que pasara, ellos seguían haciendo lo que había que hacer, gustara más o menos. Y eso es algo que solo se puede conseguir sistemáticamente con la formación de hábitos.

La motivación nos hace empezar, pero el hábito es lo que consigue que finalicemos.

Esto sucede también porque con el hábito nos vamos haciendo cada vez mejores gracias a la práctica. ¿Qué produce eso? Motivación, porque adquirimos maestría.

El gran secreto que nadie comprende es que la motivación nace de la acción, y no al revés, como se suele creer.

Durante mucho tiempo, una de las cosas que más me inquietaban era que empezaba muchas cosas pero no las terminaba nunca. Eso lo he conseguido revertir con el poder del hábito.

23

4. Cómo vencer a la procrastinación

Es el término de moda en productividad y todos la sufrimos, parece que ahora más que nunca. La procrastinación, el dejar para luego, es uno de nuestros mayores enemigos a los que nos tenemos que enfrentes.

El problema de dejar las cosas para mañana es que **mañana no existe y cuando decimos luego, en realidad significa nunca**.

Por qué procrastinamos realmente

Para vencer al enemigo, debemos conocerlo y, para empezar, hemos de saber que no dejamos para luego las cosas porque seamos vagos o incapaces de planificar.

Dejamos para luego porque:

1. Queremos **evitar emociones negativas**.
2. Somos **débiles en presencia de un estímulo** o impulso.
3. Somos **malos prediciendo** el futuro.

Expliquemos un poco mejor todo esto.

4. CÓMO VENCER A LA PROCRASTINACIÓN

Cuando se estudia bien, uno se da cuenta de que la procrastinación no es un problema de productividad, pereza ni organización. Es, esencialmente, **un problema de regulación emocional**.

En realidad, la pereza no tiene nada que ver y no evitamos una tarea porque seamos vagos, sino por la reacción natural de **ahorrarnos las emociones negativas que nos produce la tarea** que queremos esquivar. Me pasa con los impuestos, con muchos trabajos necesarios pero que no me apasionan, e incluso con esas llamadas y reuniones que no me atraen nada, pero debo hacer.

Añadido a esto, nuestra mente buscará cualquier excusa o estímulo y le dará mucha importancia. De repente, es más importante fregar los platos o ponernos a barrer que rellenar la declaración de la renta. O pensamos que debemos cortarnos el pelo urgentemente, u ordenar la estantería del fondo, en vez de seguir con ese informe o programando líneas de código. Pero cuando la tarea que queremos esquivar con todas esas ya no está, **se nos olvida todo eso que nos parecía tan importante en el momento de procrastinar**. Así que la estantería la sigo teniendo hecha un desastre como siempre, porque mi cerebro solo la usaba de excusa a fin de dejar lo importante para luego.

En cuanto a los impulsos o estímulos, ya hemos hablado de ellos y la premisa principal de este libro es que **lo ideal es evitarlos porque somos débiles en su presencia**.

Así que, en vez de agotar nuestra fuerza de voluntad y nuestra energía peleando contra ellos, la propuesta es que evitemos los estímulos innecesarios para así no tener distracciones. Además, los estímulos e impulsos están entretejidos con el siguiente punto.

El tercer elemento en juego con el tema de las procrastinación es lo que se denomina el «descuento hiperbólico». Es decir, que **creemos que en el futuro seremos más capaces de lo que somos en realidad** y sobrevaloramos nuestra aptitud de hacer las cosas «mañana».

Hoy no estamos de humor, pero mañana nos vamos a poner con todas nuestras fuerzas y así nos lo imaginamos. Así que mejor lo dejamos para el lunes, que empezamos de cero y parece incluso mejor momento. Pero en nuestra cabeza pintamos ese futuro mejor de lo que es, porque somos terriblemente malos para predecirlo.

Así que llega el lunes a las 8:00 de la mañana y la vida sigue igual como decía la canción. Ese lunes a primera hora resulta ser tan buen o mal momento para empezar las cosas como el miércoles a las 17:13. De hecho, el mejor momento para hacer algo es justo ahora.

Igualmente, tendemos a valorar mal las cosas en el tiempo por culpa de ese descuento hiperbólico que **da mucha más importante al valor presente que al futuro**.

Cuando queremos resistirnos al impulso de quedarnos un rato más en la cama, respecto a levantarnos a trabajar en el proyecto que por fin nos dará fama y gloria, quedarse calentito entre las sábanas es una recompensa tangible y poderosa. Por el contrario, la promesa futura de fama y gloria es difusa y su poder es escaso.

Durante miles y miles de años evolucionamos considerando la recompensa presente como poderosa y el futuro como nebuloso. Ese es el problema.

Nuestros ancestros no se preocupaban de planes de pensiones o de construir algo para el mañana o su familia. La vida era cruel y breve hace decenas de miles años. Si cazabas algo, te atiborrabas en el momento, porque es posible que en los próximos tres días no consiguieras cobrar otra pieza, o quién sabe si se adelantará el invierno este año.

Aún arrastramos ese mecanismo evolutivo que funcionó durante miles y miles de años, por eso procrastinar es un impulso natural y poderoso.

Pero no es invencible.

Por eso, debemos ir desmontando cada uno de los elementos de la procrastinación con las siguientes técnicas.

1. Pulverizar en trocitos minúsculos la tarea

Como verá, el «divide y vencerás» es una premisa clave en este libro para todo porque, básicamente, es más fácil ganarle a lo que es más pequeño.

Según un estudio de los años 20 (de Zeigarnik, un científico ruso) **iniciar cualquier actividad crea una ansiedad psicológica**, de ahí que exista la procrastinación y sea un tema de gestión emocional. Por eso, para evitar esa ansiedad, nuestra mente lucha y susurra que es mejor dejarla para «mañana». Y lo que es más importante, cuanto más extensa e inabarcable parece la actividad, más ansiedad produce.

Por eso, para vencer más fácilmente el impulso de dejar para luego, **lo más efectivo es pulverizar los grandes trabajos en diminutas tareas irrisorias**.

Por ejemplo, el hecho de ponerme con un todo plan de marketing desde cero me resulta complicado, por mucho que con el tiempo haya simplificado mi sistema. Por eso lo que hago es, en vez de tener en mi calendario: «Hacer el plan de Marketing», lo divido en tareas más pequeñas, como: «Decidir los 2 objetivos básicos del plan de Marketing» **y solo eso**.

Recordemos una vez más, es un tema de gestión de emociones

negativas. Una opción es tratar de afrontar esas emociones poderosas, pero la mayoría de veces perderemos y ni siquiera es necesario.

Si reducimos el tamaño de la tarea, **reducimos el tamaño y el poder de la emoción negativa** que nos produce.

2. Usar el «engaño» de los 5 o 10 minutos

Si, por cualquier motivo, la tarea no puede dividirse fácilmente en *microtareas* concretas, entonces recurro como siempre a la técnica del *timeboxing* y **también divido el tiempo en trozos muy pequeños**.

En este caso, el objetivo es ponerme solo 5 o 10 minutos, y ya está, no más.

Me pongo 5 minutos e incluso los cuento con un reloj. Y si lo consigo, me doy por satisfecho, no pido otra cosa.

De esta manera, esa ansiedad de inicio de tarea es mucho menor, porque sé que cuando el avisador marque 5 o 10 minutos, se acabó esa «tortura tan terrible» que, dice mi mente, es trabajar en la tarea.

Ahora, ¿por qué esta técnica se llama el «engaño»? El truco de dividir la tarea en otras mucho más pequeñas es que esos 5 o 10 minutos iniciales se suelen convertir en 50. Esa *microtarea* suele hacer que te enganches y sigas por ese camino de trabajar.

Recordemos un poco las clases de física. Si algo se mueve, tenderá a seguir moviéndose y si algo está parado tenderá a seguir parado, es la inercia. La procrastinación usa esa inercia en nuestra contra porque quiere que sigamos parados, pero podemos usar sus propios trucos sucios para pagarle con la misma moneda. Por muy poca motivación que tenga al principio, el 80-90% de las veces que empiezo con una microtarea, sigo trabajando en ese algo «porque ya que estoy...»

Así que, una vez he puesto a mi mente a trabajar en esos 2 o 3 objetivos del plan de Marketing, esta tiende a seguir enfrascada en el tema, gracias a la inercia del impulso inicial que le he dado. Así que sigo trabajando en el plan de marketing y me planteo decidir entre 2 o 3 posibles estrategias para cumplir esos objetivos, algo que solo me llevará otros pocos minutos y me permitirá trabajar esa parte del plan.

Las pocas veces que me detengo a los 10 minutos (o cuando termino la microtarea) y no puedo más, **no pasa nada**. El objetivo era solo ponerme un poco y lo he cumplido, por tanto, es un éxito. Pero la mayoría de las veces, una vez hemos vencido la inercia inicial y estamos enfrascado 10 minutos en algo, solemos querer aprovechar naturalmente el impulso, trabajando un periodo más largo en el tema.

Pero si no, en serio que no pasa nada y lo contrario es muy nocivo. Martirizarse o machacarse pensando que somos incapaces es precisamente una mala gestión de emociones. Además, con las microtareas y *engaños* de tiempo vas teniendo sensación de avance y logro, ya que has cumplido lo que te has propuesto y esa es una poderosa motivación para seguir.

Ponte con tonterías y tendrás la tendencia a seguir con tonterías toda la mañana. Ponte con lo importante, aunque solo sean 5 minutos, y ese impulso hará que sigas por ahí la mayoría de las veces.

3. Ser realistas con nuestro yo del futuro

Suelo tener como principio fundamental para todo **tratar de no fastidiar demasiado a mi yo del futuro**.

Y hemos de aprender del pasado, aunque cuando miramos

alrededor parece que nadie lo haga. Tenemos que ser de esa pequeña élite que conoce la historia para no repetirla. Siempre hemos dicho que mañana o el próximo lunes es mejor momento para ponernos con algo, pero sabemos por experiencia que no es así. Hemos vivido que nuestro yo del mañana se va a ver desbordado por la tarea que hemos dejado para luego y las que surgirán adicionalmente esa mañana o el lunes.

Debemos pensar en el yo del futuro, debemos **tratarlo bien** y recordarnos **que mañana no existe y luego quiere decir nunca**. Eso ayuda a anular el efecto del *descuento hiperbólico* que genera la procrastinación.

Parece una tontería, pero está bien empezar a considerar a nuestro yo del futuro y ser amables con él, no dejándole caer todo lo que tenemos ahora entre manos.

Porque si nosotros mismos no nos tratamos bien, ¿quién lo va a hacer?

24

5. Los dos invitados incómodos en el tema de la productividad

Es hora de hablar de dos temas fundamentales que, por desgracia, se subestiman cuando en realidad deben estar los primeros.

Yo mismo soy culpable de no ponerlos en el lugar que le corresponde (al fin y al cabo han terminado a mitad del libro y en mitad de una lista, un sitio escondido que se suele pasar por alto). Es posible que se deba al hecho de que es muy complicado decir algo al respecto de estos temas que no se haya dicho ya y, sobre todo, es muy complicado decir algo que surta efecto.

La realidad es que **la dieta y el ejercicio son dos factores que van a influenciar de manera radical nuestra productividad**.

Y no estoy exagerando ni un poquito si digo que podemos aplicar las tácticas del resto de este libro que, sin una dieta decente y un estilo de vida relativamente activo, no van a tener demasiado impacto.

Recordemos algunas claves principales sobre estos temas:

- Hemos visto que la productividad es, en realidad, gestionar

la energía.
- No todos tenemos la misma energía y esta depende mucho del estado físico.
- La dieta es el combustible y el cuerpo es el motor para realizar actividades, sean del tipo que sean.
- Un mal combustible dará como resultado un mal rendimiento, y un motor en malas condiciones no nos llevará lejos.

Además, no hacen falta muchas analogías para entender la importancia de estos dos factores. **Son innumerables los estudios que demuestran que la dieta y el ejercicio son cruciales, no solo para nuestro estado físico, sino para nuestro estado psicológico**.

Una dieta que no se modera en procesados, azúcar, grasa y alcohol hace que nuestro bienestar psicológico se reduzca, tengamos menos fuerza de voluntad y estemos plagados de emociones más negativas.

¿Podemos recordar qué es la procrastinación en realidad? Pues eso, una mala gestión de emociones negativas.

Siguiendo otra de las premisas principales de este material, es infinitamente mejor no tener que pelear contra un enemigo que pasarnos el día manteniéndolo a raya y perdiendo energía en eso. Del mismo modo, un mayor bienestar psicológico es terreno abonado para la motivación. ¿Conclusión? Una mejor dieta producirá efectos poderosos en todo eso.

En cuanto al cuerpo, la productividad es una cuestión más física de la que creemos. Quien esté más en forma va a subir mejor unas escaleras. Trabajar cada día es subir escaleras de manera metafórica. Podemos convertir ese acto cotidiano en una batalla agotadora o en algo normal que no nos causa una dificultad especial.

5. LOS DOS INVITADOS INCÓMODOS EN EL TEMA DE LA...

No soy médico ni nutricionista. No voy a jugar a ser uno y, en realidad, si echamos un vistazo honesto, sabremos dónde estamos personalmente en cada uno de esos dos aspectos.

Si pasamos demasiado tiempo sentados, deberíamos movernos más, al menos caminar.

Si esa comida basura ocupa más espacio del que debe, tendríamos que quitarle al menos un poco de terreno.

Sé que es difícil y los fundamentos del éxito a la hora de aplicar el resto del material también son válidos aquí. Hay que ir poco a poco y no querer abarcar demasiado, construir sobre la base de las pequeñas victorias, porque ese es el cimiento más sólido.

Además, en realidad, no importa el número de novedosas dietas que salgan o los nombres cada vez más complejos que se le den, la mayoría son puro marketing. Si estamos ante una mesa llena de comida, muchos podemos señalar perfectamente lo más sano. Esa ensalada es preferible al helado y ese pescado mejor que las patatas fritas. Así que, en realidad, tampoco hace falta un gran conocimiento para empezar con pequeños cambios.

La actividad física y la dieta tienen efectos espectaculares, para bien y para mal, en la productividad. Tras esa cena copiosa con vino y llena de comida no demasiado recomendable, me encuentro al día siguiente con un sopor y una falta de energía considerables. No importa las muchas tácticas de «gestión de energía» que conozca si apenas tengo energía que gestionar.

En lo personal, todo esto ha marcado una diferencia mucho mayor de la que creía posible.

6. Cómo aumentar la productividad de grupos y equipos según Google

Muchas veces, no trabajaremos solos. Por suerte, no hace falta indagar demasiado en qué hace a los equipos y otras personas más productivas a fin de aplicar las mejores estrategias posibles. Tampoco tendremos que invertir mucho tiempo ni dinero en encontrar la verdadera respuesta, porque **eso ya lo hizo Google.** Y nosotros podemos aprovecharnos de lo que descubrió durante esos experimentos que realizó.

Curiosamente, todo esto es muy poco conocido, y sin embargo nos da la clave real de cómo gestionar grupos y equipos para aumentar su productividad.

Laszlo Bock es el *Vicepresidente de Operaciones y Personas* de Google. Su función es que sean felices y productivas, porque, aunque suene un poco a autoayuda, **una cosa es inseparable de la otra**.

Además, las grandes tecnológicas como Google tienen otro problema, la gente se marcha muy a menudo. Los fichajes y los cambios de barco son una constante y eso les resulta muy costoso.

Por este motivo, tratan de hacer lo posible por retener a la gente y descubrir qué hace que se quieran quedar y estén satisfechos.

Los experimentos «Oxígeno» y «Aristóteles»

Bajo la gestión de Bock, Google realizó dos enormes experimentos en cuanto a productividad, los llamaron *Oxygen* y *Aristotle*.

Mientras que *Oxygen* se planteaba la pregunta del millón de si los gerentes y mandos son necesarios, *Aristotle* quería responder algo aún más importante:

Qué hace que los grupos de gente trabajen de manera más productiva y feliz.

Se realizó el estudio con nada menos que 200 equipos diferentes, de cada rincón de Google y cada país en el que se encuentra.

Esos equipos estudiados también abarcaban distintas actividades, desde marketing y finanzas hasta, por supuesto, programación e ingeniería.

Las sorprendentes conclusiones sobre productividad de estos experimentos

Una de las sorpresas principales de este gran proyecto Aristóteles fue que **las conclusiones no encajaban con los resultados de investigaciones académicas, la «sabiduría general», ni otros consejos ampliamente extendidos** sobre el tema.

Por ejemplo, esos estudios académicos y esa sabiduría popular hablaban de la importancia de las decisiones por consenso en un equipo, en contraposición a las decisiones jerárquicas. Además, ponían de relieve la importancia de la carga de trabajo en la productividad y felicidad.

Al fin y al cabo, estas son dos cosas que suenan lógicas.

Pues bien, **según las conclusiones de Google, ninguna de esas cosas, aparentemente importantes, estaba entre las 5 principales que importaban** en cuanto a la efectividad de los equipos.

La importancia de la seguridad psicológica

Para Google, **los mejores equipos eran los que proporcionaban un ambiente de seguridad psicológica**. ¿Qué quiere decir esto?

Que todo el mundo en el equipo **siente que tiene la oportunidad de hablar y que los demás les están escuchando** de verdad.

Y que, además, **si se falla, no pasa nada y nadie lo echa en cara**, sintiendo un apoyo real por parte del resto del grupo.

Aquellos equipos que puntuaban más alto en seguridad psicológica eran también los más felices y productivos.

Las reglas de Google para generar una seguridad psicológica

En la práctica, así es como pusieron en marcha la seguridad psicológica en Google:

1. Incentivando, por encima de todo, **la confianza a la hora de depender de alguien.** Es decir, la seguridad de que, si pido que hagas algo, lo harás, y por tanto puedo depender de ti para que sea así, no dejándome tirado.
2. **La estructura y claridad**. Esto significa que todo el mundo

sabe lo que tiene que hacer y todo el mundo tiene claro lo que hace cada uno en el equipo.
3. **El significado**. Implica que el trabajo es significativo para la gente, es decir, que hacen algo que no es meramente rutinario, sino que **contribuye a construir algo positivo y más grande que ellos**. Como vemos, esta condición de productividad se repite una y otra vez.
4. **El impacto**. Que implica que los miembros del equipo creen que su trabajo importa y produce un cambio.

Por eso, para asegurar que se ponían en marcha de veras, se incentivaba el tener reuniones uno a uno entre miembros del equipo y responsables del mismo, para ver si realmente se daban esas condiciones o no.

Del mismo modo, los responsables del equipo eran también los responsables de que esos 4 puntos se aplicaran.

Así, si veían que alguien no parecía incluido, animaban a ello a la persona y al resto del equipo para que lo integraran. En definitiva, **los líderes salvaguardan y fomentan esas 4 condiciones** que producen la seguridad psicológica en un grupo.

Google se gastó una fortuna para averiguar qué es lo que hace a los equipos (y a las personas) más productivos. Nosotros no necesitamos hacer ese gasto, lo que acabamos de leer es lo que más impacto va a causar en la productividad de sus equipos o de la gente con la que trabaja.

La aplicación práctica es sencilla y esto nos dice prácticamente todo lo importante sobre la productividad en grupos. Debemos actuar como líderes y trabajar activamente para que las 4 condiciones que concluyó el proyecto Aristóteles de Google se den en nuestros equipos.

26

Técnicas maestras de productividad

Hemos visto lo fundamental y algunas aplicaciones avanzadas para obtener una motivación real, aplicar la productividad forzada, comprender la importancia del hábito o reducir la procrastinación.

De aquí en adelante entramos en el terreno de la *maestría*, porque **vamos a ver cómo podemos obtener la productividad total**.

Llamo productividad total a ese estado en el que hacemos las cosas de la mejor manera posible, disfrutamos con ellas y el tiempo parece volar.

Todos lo hemos experimentado alguna vez, especialmente haciendo algo que nos encanta, así que vamos a ver cómo tratar de generar ese estado a voluntad, en la medida de lo posible.

27

Cómo obtener la productividad total

No vamos a tener nunca mayor productividad, ni vamos a hacer mejor ni más rápido nuestro trabajo, **que cuando nos encontramos en lo que se llama un «estado de flujo»**.

Este concepto, propuesto por Mihály Csíkszentmihályi, deriva de la llamada psicología positiva y, de un tiempo a esta parte, se ha vuelto muy popular en algunos círculos.

¿Ha experimentado alguna vez esos momentos en los que estaba tan concentrado en algo que el mundo a su alrededor se diluyó? ¿Que avanzaba sin cesar en la tarea y superaba fácilmente todos los obstáculos?

Técnicamente, se encontraba en estado de flujo.

Ese es el territorio maestro de la productividad y esta sección trata de cómo conseguirlo. Como veremos, ya hemos dado pasos en esa dirección y aplicaremos parte de lo visto hasta ahora, ya que, como no podía ser de otro modo, nos hemos ido acercando de manera natural hacia ese estado ideal.

Qué es exactamente el estado de flujo

En palabras de Csíkszentmihályi, **el flujo es una situación de motivación completamente concentrada**. Una inmersión en la que nuestra mente está puesta en una sola cosa y todas las emociones, no solo están centradas en el objetivo, sino que son positivas y alineadas con lo que estamos realizando.

Siendo más prácticos: **cuando uno siente un gozo espontáneo mientras está haciendo algo, se encuentra en estado de flujo.**

Este estado nos interesa porque en él rozamos nuestro máximo posible de productividad, haciendo nuestro mejor trabajo de la mejor manera.

Una noticia buena y una mala sobre el estado de flujo

Todo esto sería genial si no fuera por el «pequeño detalle» de que **uno no se puede forzarse a entrar en ese estado de flujo a voluntad y no puede predecir tampoco cuándo va a obtenerlo**.

La mala noticia es pues que no tenemos un interruptor para activar el flujo cuando queramos. Sin embargo, la buena es que **conocemos las características en las cuales es más probable que ese flujo se produzca**.

¿Qué quiere decir esto en la práctica?

Que podemos crear esas condiciones a nuestro alrededor y, con un poco de suerte, es posible que generemos un estado de flujo.

Cuáles son las condiciones necesarias para que se dé el estado de flujo

Hay 3 condiciones principales de acuerdo a los trabajos de Csíkszentmihályi:

1. Debe **estar inmerso en una actividad que tenga unas metas u objetivos claros como el cristal**. Esto sirve para añadir dirección y estructura a la tarea, algo indispensable para la aparición del flujo.
2. Debe haber un **equilibrio entre los desafíos** percibidos de la tarea y **nuestras propias habilidades** percibidas. Es decir, que **la tarea tiene que presentar cierto reto, pero también sentirnos capaces** de conseguirla con algo de esfuerzo.
3. La tarea nos debe proporcionar un *feedback* claro e inmediato de si vamos bien o mal.

Esta última condición supone un reto para muchos emprendedores, artistas y profesionales cuando hacen ciertos trabajos, porque muchos de ellos no tienen un *feedback* inmediato.

Por ejemplo, si yo creo un producto, no tendré un *feedback* de si funciona hasta tiempo después, cuando lo haya comercializado. Si escribo un libro como este, pasa lo mismo, no sabré si encaja o no hasta que sea publicado. Lo mismo si hago una campaña de marketing. Cuando la estoy haciendo no sé si funcionará, eso ocurre cuando la ponemos en marcha.

¿Cómo se resuelve entonces este tercer punto?

Trabajando en actividades que **nos proporcionen una recompensa intrínseca**.

Veamos este concepto más a fondo, porque es importante si

queremos obtener una productividad total a menudo.

El gran secreto de la recompensa intrínseca

Para definir el tema de la recompensa intrínseca lo mejor es un ejemplo:

Si yo trabajo en lo que trabajo por dinero, y solo por dinero, entonces hago mi campaña de marketing, o saco mi nuevo producto o libro, y mi medida o *feedback* de si lo que hecho está bien o no es únicamente el dinero que acabo ganando.

En una situación así la recompensa **es extrínseca (el dinero), algo que está fuera de mí y además no puedo controlar**.

Si esa es la única recompensa que tengo por mis tareas, entonces no estoy obteniendo *feedback* hasta que no la haya completado y lanzado. No sé todavía cómo va a funcionar, no me dan dinero mientras estoy trabajando en ello, sino un tiempo después. Y solo si la cosa va bien.

La implicación práctica es que, como no tengo un *feedback* durante la tarea porque mi único interés es monetario (algo que vendrá después, en caso de venir), **me va a ser casi imposible entrar en un estado de flujo**, ya que falta la condición número 3.

Por el contrario, las actividades con recompensa intrínseca son aquellas que nos proporcionan un *feedback* **interno positivo cuando estamos en ellas**. Es decir, nos dan **un placer o satisfacción personales por el mero hecho de hacerlas**.

Incluso aunque en el peor de los casos nadie aprecie y nadie vea eso que estamos haciendo, internamente nos compensa realizar el trabajo.

Los *hobbies* y todas esas actividades que nos gusta hacer nos proporcionan una recompensa intrínseca. Cuando las hacemos tenemos un *feedback* positivo en forma de buenas sensaciones por el mero hecho de realizarlas.

Por eso es mucho más fácil entrar en un estado de flujo cuando nos dedicamos a nuestras aficiones que a nuestro trabajo.

Por eso, la receta del flujo habitual pasa necesariamente por **trabajar en algo que nos gusta** o al menos por algo que creamos que está bien y responde a un fin que va más allá del dinero, el reconocimiento y las recompensas externas. Si recordamos, este era uno de los verdaderos elementos de la motivación, y es que motivación y estado de flujo están íntimamente relacionados.

Si además hay una reacción extrínseca posterior, como que la gente compra nuestro producto o responde a nuestra campaña, pues ya sería perfecto. Pero incluso si se diera peor de los casos, donde nadie reaccionara ni le importara lo que hacemos, la tarea nos ha dado satisfacción personal durante su realización.

Como emprendedor, el principal cambio de mentalidad que tuve, y me proporcionó mejores resultados, fue el de **dejar de centrarme en conseguir dinero y centrarme en dar todo el valor** que pudiera a mis clientes.

Enseñar lo que sé y me ha funcionado, compartir lo importante que no se suele decir, ir más allá de lo que siempre se explica en otros lados o tratar de hacer un poco mejor la vida de quien me lee, proporciona una recompensa intrínseca por sí misma.

Cuando aprendí sobre el estado de flujo y las investigaciones al respecto, no me sorprendió que, especialmente en mi última etapa como consultor financiero (una actividad que odiaba y en la que me empleé solo por dinero) todo era una sucesión de días insoportables, donde hasta la tarea más tonta me costaba un mundo.

Había perdido la motivación, ya no estaba ahí para ser el mejor asesor que pudiera. No había reto (otro componente del flujo) y solo hacía las cosas para pagar las facturas, porque confieso que cambiar de actividad y empezar de cero me daba miedo. Así como suena.

Más allá de las típicas frases vacías de la autoayuda, podemos ver que los estudios realizados muestran que **cuando estás en algo que no te llena, estás condenado a que todo sea una travesía en el desierto**.

Moraleja: hay que hacer las cosas porque el hecho de que está bien hacerlas.

Porque nos proporcionan alguna clase de satisfacción propia que va más allá del dinero o la recompensa externa.

28

Los 10 componentes del estado de Flujo

Vistas las 3 condiciones necesarias para que se dé un estado de flujo, echemos un vistazo a los ingredientes del mismo. Serán los que tenemos que reunir como piezas de un puzzle para obtenerlo.

Csíkszentmihályi identifica estos factores:

1. Metas claras

Es decir **objetivo cristalino y acorde con las habilidades** de quien hace la tarea.

De hecho, recordemos que el nivel de desafío y el nivel de las habilidades debe ser alto.

Es decir, lo más conveniente para un estado de flujo es convertirse en un experto en lo que hacemos, **que además emplea sus habilidades para hacer cosas que están en la frontera pionera de la actividad**.

Así es más sencillo alcanzar ese estado de flujo.

Cuando uno es un novato y está empezando, no tiene aún

todas las habilidades necesarias para dominar las situaciones, con lo que es más difícil alcanzar el flujo. Pero cuando ya empiezas a controlar y a tener cierta seguridad en ti mismo, el flujo aparecerá más a menudo si nos dedicamos a tareas que estiren un poco nuestra zona de confort y nos lleven cerca de nuestro límite.

Si son demasiado repetitivas o sencillas, el flujo tampoco aparece. Somos como el operario de la cadena de montaje que no se diferencia mucho de un robot. O si somos el mejor médico investigador, y estamos expendiendo recetas todos los días, tampoco obtendremos el deseado flujo.

2. Concentración

Para el estado de flujo es necesario un alto grado de concentración en un campo limitado de atención.

Eso significa **nada de distracciones y centrarnos en hacer una única tarea** a la vez.

¿Nos suena? Por suerte, hemos comenzado a caminar en la dirección correcta desde el paso 1 de este material, porque estos son principios fundamentales de productividad que hemos trabajado al principio. Al fin y al cabo, el objetivo era ir plantando las semillas que nos proporcionaran la productividad total cuando crecieran.

Si aplicamos eso y nos concentramos en algo muy concreto, en breve se provoca el siguiente componente del flujo.

3. Una pérdida del sentido de autoconciencia

Es decir, que la acción que estás realizando y tu conciencia se unen como si fueran una sola cosa, pudiendo llegar incluso a perder momentáneamente el sentido del yo.

Estás inmerso en la tarea y no hay nada más que ella. Toda la charla mental y las mil cosas que nos rondan se callan. Este elemento no está bajo nuestro control directo, pero **sí se produce después de un tiempo de aplicación de los otros dos elementos anteriores** que hemos visto, y en los cuales sí podemos influir.

4. Sentido distorsionado del tiempo

En concreto, distorsionado porque pasa volando.

De la misma naturaleza que el elemento anterior, es **una consecuencia de la concentración**, más que algo que podemos aplicar directamente.

5. Feedback directo e inmediato

Éxitos y fallos en el curso de la actividad son aparentes, de manera que uno puede ajustar lo que hace según estos avances y obstáculos en su realización.

Nos surge un desafío y encontramos la solución, necesitamos algo más para proseguir y enseguida echamos mano o surge en nuestra cabeza una alternativa. Sabemos en todo momento cómo vamos y, cuando no, trabajamos en la manera de seguir el camino.

6. Equilibrio entre nivel de habilidad y desafío

La tarea no tiene que ser ni muy fácil ni imposiblemente difícil, lo cual facultará que se produzca lo anterior de ser capaces de ver cuándo avanzamos o cuándo nos estamos equivocando, y como solventarlo.

Si no tenemos ni idea de contabilidad y estamos con *leasings* complicados, no habrá flujo. Si no lo comprendemos no sabremos siquiera si lo estamos haciendo bien o cómo corregir ese rumbo.

Si estamos en una cadena de montaje dando un giro de 33 grados a cada una de las mil piezas que pasan por delante, como si fuéramos un autómata, tampoco lo conseguiremos porque esa tarea no encierra desafío.

En el equilibrio entre dificultad y habilidad está la virtud, trabajar en la frontera de la cosas proporciona flujo y nos hace crecer.

7. Un sentido de control personal sobre la situación o actividad

Es decir que percibimos que somos capaces de manejar y controlar la situación de alguna manera, de modo que no nos sobrepasa o está al 100% en manos de otros.

8. La actividad nos compensa intrínsecamente

Si nos «remunera» de alguna manera interna, como hemos visto, es mucho más fácil que surja la sensación de acción sin esfuerzo.

9. Falta de conciencia de las funciones corporales

Es decir, comer, dormir, etc. Uno puede alcanzar un alto grado de fatiga y no darse cuenta hasta que deja de hacer la tarea en la que estaba inmerso.

Bill Gates comentaba el hecho de que, cuando programaba en sus primeros tiempos, ni comía, ni dormía ni sabía muy bien en qué día estaba cuando levantaba la nariz de la tarea y miraba a su alrededor.

10. Inmersión plena en la actividad

Toda la conciencia está centrada en ella, de manera que acción y conciencia se mezclan.

Hay que decir que **no todos estos elementos son necesarios a la vez para que se dé un estado de flujo,** pues no todos los estados de flujo son idénticos en cuanto a experiencia o intensidad.

No es necesario estar persiguiendo éxtasis místicos para aumentar nuestra productividad con el flujo.

29

El tipo de personalidad más proclive al estado de flujo

¿Es posible que haya cierto tipo de personas más inclinadas a alcanzar el elusivo y deseable estado de flujo?

Csíkszentmihályi tenía la hipótesis de que cierto tipo de gente, denominada de **personalidad autotélica**, estaban más inclinadas a alcanzar ese estado.

La personalidad autotélica se caracteriza por tener:

- Persistencia.
- Curiosidad.
- Baja autoreferencia (es decir bajo egoísmo o baja disposición a centrarse en uno mismo).
- Alta inclinación a realizar actividades por razones meramente intrínsecas.

Es decir, una personalidad inclinada a realizar **acciones sin esperar nada a cambio o recompensa externa**.

Solamente por el hecho de la satisfacción personal que produce, o porque encuentran recompensa interna en que la acción está bien por el mero hecho de hacerla, no por la gente que la vea, pague por ella o reaccionen con alabanzas.

Al parecer, esta hipótesis no ha llegado a demostrarse con claridad. La investigación más seria al respecto concluyó que los que tienen ese tipo de personalidad muestran: «Una mayor preferencia por situaciones de mayor oportunidad, mayor acción, que requieren más habilidades y les estimulan para crecer».

Esa clase de situaciones son las que pueden generar un mayor estado de flujo. Pero, aunque parece que la idea iba por buen camino, la demostración de la hipótesis sigue sin estar clara del todo. No obstante, la conclusión es que parece rentable no ser un simple mercenario que hace las cosas por obtener alguna clase de recompensa material

30

Cómo crear un estado de productividad total en la práctica

Recapitulemos para poner en práctica todas las piezas que hemos visto sobre el estado de flujo.

No podemos forzar ni generar a voluntad dicho estado, pero podemos crear las condiciones para que sea más probable que se dé.

Eso lo haremos de la siguiente manera.

1. Dedicarnos a actividades que nos apasionen y sean un reto

Como vivimos en el mundo real, muy difícilmente vamos a conseguir el flujo haciendo asientos contables (eso lo puedo asegurar personalmente), y lo cierto es que tampoco vamos a conseguirlo con muchas de las actividades que requiere una empresa o un trabajo, como son el mantenimiento administrativo o informático, los impuestos, arreglar el enésimo fallo de la web, etc.

De hecho, no debe ser nuestra misión alcanzar el estado de

flujo siempre, es una meta imposible y frustrante.

Es importante que, en cuanto podamos permitírnoslo económicamente, deleguemos en profesionales externos cosas como los papeleos o el mantenimiento informático.

Y, en general, aunque esto es mucho más fácil de decir que de hacer, debemos afrontar lo que muchas veces tratamos de ignorar.

Si nos dedicamos a algo que no nos gusta, debemos empezar a planear un cambio. Ya no es una cuestión de que no alcanzaremos la productividad total, eso es secundario al lado de que solo tenemos una vida y la vamos a perder haciendo algo que consideramos mediocre.

Esto no es un ensayo, es lo único que hay. Es importante recordarlo.

2. Utilizar a nuestro favor el poder del contexto

Ya hemos hablado de lo importante que es el contexto a la hora de la productividad, de modo que el entorno en el que estemos trabajando tiene que ayudarnos a hacer más probable ese estado de flujo.

Esto implica varias cosas imprescindibles:

1. Comodidad

No vamos a entrar en flujo si estamos con dolor de espalda, si hay que cambiar la posición en la que estamos sentados cada pocos minutos o si hace demasiado calor (o frío).

Es posible que uno de los efectos del estado de flujo sea que eso se vuelva irrelevante una vez has conseguido llegar, pero antes de entrar en ese *trance* le garantizo que **cualquier incomodidad**

física va a impedir que surja el flujo.

2. Cero distracciones

Con Facebook abierto o el avisador de email conectado es imposible que entremos en estado de flujo, ya que es necesaria la concentración sostenida en una sola tarea.

Eso también se aplica a teléfonos inoportunos, móviles a mano o colegas que no paran de entrar por la puerta a decirnos algo.

3. Entorno limpio y despejado

Esto tiene que ver con lo anterior. Un entorno desordenado no solo tiende a transmitir una sensación de caos, sino que tener cuatrocientas cosas esparcidas sobre la mesa implica cuatrocientas distracciones potenciales.

Hemos visto que nuestro cerebro se las sabe todas, es importante no darle munición para eso.

4. Objetivos claros como el cristal

Antes de sentarnos con la tarea **tenemos que tener muy claro el resultado que queremos obtener al terminar**. Si hemos atendido en la parte de realización de la lista de tareas que ya vimos, esto ya lo dominaremos.

Así que, cuando me siento a escribir este material, tengo muy claro si el resultado final es terminarlo, si quiero tener un primer borrador, si solo quiero escribir dos páginas o si se trata de estar 20 minutos repasando de manera ininterrumpida.

El flujo es imposible sin una meta clara, así que antes de

empezar tiene que estar perfectamente establecida.

5. Equilibrio entre reto y capacidad

Ya lo hemos visto. La tarea tiene que incentivarnos y empujarnos al límite, pero no tiene que ser desesperante.

Aunque eso depende enormemente del tipo de actividad que hagamos, lo cierto es que muchas veces hay proyectos que parecen una montaña difícil de escalar, no por la dificultad, sino por el tiempo que conlleva terminarlos. Mientras tengan esa dificultad percibida tan alta no podremos alcanzar el flujo, de hecho, dispararemos la probabilidad de procrastinación.

En esos casos, la solución es la de siempre, dividir en tareas más pequeñas o usar el *timeboxing* en intervalos de trabajo y descanso.

Además de eso, debemos **proponernos siempre hacer la tarea lo mejor que sepamos**. Si yo me siento a escribir este libro, no quiero regurgitar lo mismo que he leído en otros sin aportar valor, ni quiero crear otro sistema vacío que se abandone a los dos días, ni (espero) aburrir a quien me lee hasta que se duerma.

Quiero mostrar todo aquello que realmente me ha funcionado y llegar más lejos que el resto. Es decir, no paro hasta descubrir, probar, medir y compartir eso que está en el límite y de lo que la mayoría no habla.

En el otro extremo, si la tarea es demasiado fácil, ¿qué podemos hacer? Pues **le añadimos reto**. ¿Cómo?

Haciendo más de lo previsto o tratando de hacerla en menos tiempo y estableciendo un nuevo récord personal. Personalmente, retarme me funciona muy bien.

6. No forzar el estado de flujo

Una de las cuestiones paradójicas sobre el estado de flujo es que, si quieres que venga, no vendrá. Si estás pendiente, no aparecerá y, cuanto más lo desees, más lejos se va. Y probablemente, más nervioso y presionado te pones, alejando todavía más al flujo.

Por eso, hay que proponerse trabajar sin lo que uno de mis mentores llamaba «ansia de resultado».

De esta manera, uno pone las condiciones para que el estado de flujo se produzca, **pero no se obsesiona con que venga**. No es cuestión de que si llega es un éxito y en caso contrario hemos fracasado.

Es cuestión de que unas veces aparecerá y otras no, pero eso no nos debe de importar. De hecho, lo más normal es que no alcancemos la productividad total en la mayoría de situaciones, esperar otra cosa es la receta para la frustración.

Nuestra misión es disponer las condiciones todo lo que podamos, lo cual coincide con intentar trabajar de la mejor manera posible y siguiendo los principios fundamentales que hemos visto desde la primera página.

Debemos **centrarnos en el proceso y no en el resultado**. En realizar ese proceso lo mejor posible y, luego, el resultado será el que tenga que ser. Hacerlo de esa forma ya es el mejor objetivo y recompensa por sí mismo, independientemente de que al final venga el flujo o no.

Quítese toda la presión. Venga o no venga el flujo da igual, los beneficios de hacer todo eso ya son suficientes por sí mismos.

7. Pensar en positivo

Uno de los requisitos para conseguir el flujo es **creer que podemos y que saldrá bien**.

Y lo cierto es que la mayoría de las veces, aunque no lo parezca, podemos.

Le aseguro que está usted por delante del 90% de la gente en cuanto a profesionalidad y conocimiento. ¿Cómo lo sé? Porque está leyendo esto.

Eso significa que quiere aprender la manera óptima de hacer las cosas, que tiene inquietud. Quiere mejorar y hacer un buen trabajo para todos, si no, no emplearía su tiempo en estas páginas.

Ahora echemos un vistazo a nuestro alrededor. A esos que están tras una ventanilla trabajando sin importarles más que el dinero, a los que nos llaman por teléfono y nos tratan como un número, a aquellos que nos atienden y se les nota que es lo último que les gustaría estar haciendo.

Por desgracia, esto es lo más común. Casi nadie se esfuerza en aprender cómo lo puede hacer mejor.

Solo por eso, deberíamos tener una opinión positiva de nosotros mismos, porque somos de esa minoría que tiene un orgullo personal basado en hacer las cosas lo mejor que sepa.

8. Gestionar adecuadamente el estrés

El estrés supone el mayor impedimento para el estado de flujo. Por eso, si nos sentimos estresados, debemos **realizar actividades destinadas a reducirlo**.

Pero incluso cuando hacemos algo que nos gusta, nos va a generar estrés y cansancio natural. Además de que, queramos o no, en la vida real hay que pelear a menudo batallas estresantes y no hay manera de evitarlas o hacerlas más agradables.

Por eso precisamos una vida aparte de nuestro trabajo que nos oxigene. Y además de eso, respetar escrupulosamente los periodos de descanso.

Tanto periodos diarios más breves, como periodos vacacionales más extensos y alejados del trabajo.

9. Visualización previa

La visualización es una herramienta importante y efectiva. Por desgracia, se ha abusado enormemente de ella, convirtiéndola en una especie de truco mágico que nos va a conceder todos los deseos, como proclaman algunos.

Aquí hablamos de usar la visualización como está demostrado que funciona:

En los minutos previos a la tarea, respire hondo y véase durante unos momentos desempeñándola de la mejor manera posible. Esto significa vernos con un alto rendimiento, centrados en el proceso de trabajo y en las emociones de bienestar y satisfacción por ese trabajo que avanza.

Es decir, que en vez de visualizar resultados finales, como que va a llover dinero de la nada, **nos centramos en visualizar la ejecución impecable del trabajo** y el disfrute que obtenemos con ello.

No es necesario tener la concentración de un monje zen para que la visualización sea efectiva, ni mucho menos. Así que no se frustre si la imagen no es clara como el cristal o se le va el pensamiento de vez en cuando.

Simplemente, imagine el trabajo bien hecho que avanza, con calma, sin forzar, como siempre en todo lo que tiene que ver con el estado de flujo.

Y aunque los que investigan el flujo no lo comentan, hace falta un poco de suerte también. Básicamente, porque hace falta para todo en la vida. A veces tendremos todas las condiciones y no vendrá, no pasa nada, la vida es así.

Así que, una vez reveladas todas las técnicas, la verdad es que solo me queda desearle esa suerte. Suerte y un poco de valentía para afrontar que, si hacemos algo que odiamos, difícilmente vamos a ser productivos de manera sostenida.

Recordemos quizá lo más importante de todo este libro:

Esto no es un ensayo, no hay más cuando el tiempo termine, así que tenemos que hacer que cuente.

31

Resumen de las técnicas y lo visto en este libro

Recapitulemos todo lo visto, porque aunque el libro es breve, también es denso en técnicas y principios, ya que se ha recortado todo lo accesorio.

Resumen de los principios fundamentales

- **Es posible hacer más y mejor con menos esfuerzo**. Esto es gracias a que el principio del 80/20 se cumple para el tema de la productividad, con lo que **la clave es centrarse en el 20% de cosas importantes que dan el 80%** de resultados.
- Es **importante no atragantarse con las técnicas** y no intentar aplicarlas todas a la vez. Una sola de ellas ya puede marcar toda la diferencia.
- **La mayor dificultad** actual para ser productivos **hoy día son las distracciones**.
- Así pues, lo primero a hacer **eliminar dichas distracciones**: Internet, teléfono, otras personas que interrumpen para cosas que pueden esperar, un entorno de trabajo caótico...

Mientras no lo hagamos, lo demás no va a servir.

Resumen de las técnicas básicas de productividad

- **Haga una sola cosa a la vez**, y solo una. Esta es la clave para el mejor trabajo en el menor tiempo posible y el «secreto» mejor guardado, aunque sea a la vista de todos. La multitarea es el peor enemigo de la productividad.
- **Comience la jornada de trabajo con la tarea más importante**. Es decir, con aquella que nos dará más resultados en lo que más necesitamos ahora mismo. Si es dinero en nuestra empresa, hay que dedicarse a vender. Si es sacar un producto nuevo, es trabajar en él
- **Antes de empezar a trabajar tenga muy claras las tareas que va a realizar**. Si no, las urgencias poco importantes se meterán entre los huecos de la duda y nos harán perder el día.
- En su agenda, **tenga una lista de resultado**s que quiere obtener con las tareas, **no una lista de «cosas» difusas** que hacer.
- **Use el *timeboxing*.** Trabaje en intervalos de tiempo definidos (por ejemplo 50 minutos) alternados con periodos de descanso más breves (por ejemplo 10 minutos) y sea estricto con el cumplimiento de ambos.
- **Priorice**. Lo que significa **delegar** las tareas de apoyo que no son el núcleo del negocio **y aprender a decir que no** a los demás. Use las técnicas que se han explicado para ello si tiene dificultades o conflictos con esto último.
- **Desconecte al 100% en el tiempo de ocio**, o no conseguirá ser productivo en el tiempo de trabajo. **Desarrolle o recupere aficiones y construya una vida aparte** que no tenga

que ver con la empresa o el trabajo.
- **Use la regla de los 2 minutos**, si una tarea precisa 2 minutos o menos, la hacemos en el momento.
- **Use la regla de tocar las cosas una sola vez**. Es decir, cuando nos encontramos con algo, decidimos en el momento qué hay que hacer con ello: si lo hacemos ya, en el futuro (con lo que ponemos fecha y hora en la agenda), si lo delegamos, lo desechamos o lo almacenamos porque es una información que no precisa acción.

Resumen de las técnicas avanzadas de productividad

- **La motivación es el combustible más poderoso**. Sin ella no hay productividad ni haremos nada. Recuerde lo que se ha explicado que realmente motiva a alguien y trate de disponer esas condiciones en su entorno.
- **Utilice la productividad forzada**. Es lo que mejor funciona en el mundo real. Para ello, expóngase ante gente que importe, diciendo lo que va a hacer (y cuándo) y haga apuestas fuertes que le duela perder en el caso de que no consiga hacer lo que se propuso.
- El hábito es más práctico incluso que la motivación. **Cree hábitos de productividad positivos**, yendo poco a poco y haciendo ese poco durante varias semanas sin excusas.
- **El enemigo más común hoy día es la procrastinación**. Lo más efectivo para vencerla es pulverizar lo que tenemos que hacer en tareas diminutas que apenas cuesten unos minutos, además de utilizar la técnica del «Engaño de 5-10 minutos».
- Si tiene que motivar y aumentar la productividad de grupos, todo lo explicado para una persona funciona para un grupo, pero sobre todo, no se complique. Vuelva sobre el

Proyecto Aristóteles de Google que hemos visto y aplique sus conclusiones. Es lo que funciona y no precisará invertir los mismos millones que Google en descubrirlo.
- Lo queramos reconocer o no, **la dieta y el ejercicio tienen un enorme impacto en la productividad personal**, así como en el estrés, la satisfacción general y la calidad de vida.

Resumen de las técnicas maestras de productividad

- **La productividad total es posible** y se consigue en un estado psicológico de flujo.
- Ese estado no se puede crear a voluntad, pero se pueden aumentar las probabilidades de que se produzca.
- Para ello, **realice tareas que supongan un desafío** pero sean posibles de realizar, ese trabajo en la frontera de las cosas es necesario.
- Si lo que hacemos en nuestro trabajo no nos gusta, deberíamos plantearnos si queremos hacerlo para siempre o cambiar de actividad.
- **Distracciones cero**. Utilice el plan del principio del libro para eliminarlas.
- Tenga los **objetivos** de la tarea **claros** como el cristal antes de empezarla. Recuerde las técnicas de planificar la tarde anterior y cómo hacer una lista de tareas efectiva.
- **No trate nunca de forzar** el estado de flujo, o no vendrá.
- **Piense en positivo**, si no cree que lo puede hacer o si empieza con un sentimiento de odio o aborrecimiento, no conseguirá el flujo.
- **Gestione su estrés**. Porque con demasiado, el flujo no vendrá. La manera más pragmática es reservar tiempo en el día a realizar actividades relajantes y que nos gusten.

- **Tómese unos minutos previos para visualizar la tarea**. Pero no visualice el resultado, sino el proceso. Visualice que trabaja de manera productiva y concentrada.
- En definitiva, **disfrute**, al fin y al cabo es lo que está en el corazón de la verdadera productividad total.

www.ingramcontent.com/pod-product-compliance
Lightning Source LLC
Chambersburg PA
CBHW070030210526
45170CB00012B/530